AF289943

Johann Braun

Hambacher Feste

*Nationale Einheit und Freiheit
gestern und heute*

Bibliografische Information der Deutschen Nationalbibliothek:
Die Deutsche Nationalbibliothek verzeichnet diese
Publikation in der Deutschen Nationalbibliografie; detaillierte
bibliografische Daten sind im Internet über http://dnb.dnb.de
abrufbar.

© 2019 Prof. Dr. Johann Braun

Herstellung und Verlag: Privatinvestor Verlag,
Aachener Straße 197-199, 50931 Köln
Umschlagillustration: Otto Dill, „Allegorie", Demokratisches Fest,
Schloß Hambach, 1932, © VG Bild-Kunst, Bonn 2019.

ISBN: 978-3-948282-00-4

Inhalt

I. Einleitung

Bei dem Namen „Hambacher Fest" denkt man zunächst an das Treffen national-liberaler Bürger und Burschenschafter, die sich am 27. Mai 1832 rund um die Burgruine Hambach bei Neustadt an der Haardt versammelten, um politische Änderungen einzufordern. Es war nicht das einzige Volksfest dieser Art, das in den Jahren des Vormärz gefeiert wurde, wohl aber das größte und das bedeutendste. In der Sache ging es den Beteiligten um zweierlei: um die politische Einigung Deutschlands, das damals in fast 40 selbständige Territorien aufgesplittert war, die im Deutschen Bund nur auf völkerrechtlicher Basis miteinander verknüpft waren, und um eine Umgestaltung der Regierungsform, die den Bürgern mehr politische Freiheit verschaffen sollte. Nationale Einheit und Freiheit waren die Ziele, die etwa 20 000 bis 30 000 Teilnehmer in Bewegung setzten und bei der Hambacher „Käschteburg"[1] zu einer für die damalige Zeit erstaunlichen Kundgebung zusammen brachten. Einheit und Freiheit sind auch heute noch die Leitbegriffe, die – ergänzt um den Begriff des Rechts – in der deutschen Nationalhymne als bleibende Ideale genannt werden: „Einigkeit und Recht und Freiheit/ für das deutsche Vaterland ... Einigkeit und Recht und Freiheit sind des Glückes Unterpfand."

Die Initiatoren und Redner des Hambacher Festes, die den etablierten Mächten ihrer Zeit die Stirn boten, waren in der Folge zahlreichen Verfolgungen und Drangsalierungen ausgesetzt. Ihre Ziele wurden erst Jahrzehnte später auf einem ganz anderen Weg doch verwirklicht. Erst in der verklärenden Rückschau erlangte das Hambacher Fest die Bedeutung eines nationalen Großereignisses, dessen Jahrestage feierlich begangen wurden. Wie in solchen Fällen üblich, wurde es dabei für unterschiedliche Zwecke vereinnahmt.[2] Nachdem die Hambacher Burgruine in den 80er Jahren des letzten Jahrhunderts restauriert worden war, stand sie auch selbst wieder für politische Veranstaltungen zur Verfügung, u.a. für Gedenkfeiern zur Erinnerung an das Fest von 1832. Nie gab es dabei jedoch ähnlich aufrüttelnde Ziele, mit denen man die amtierende Obrigkeit herausgefordert hätte, wie damals. Im Grunde feierte man sich selbst und wünschte sich dabei nichts weniger als Widerspruch.

Im Mai 2018 indessen fand in Hambach ein Treffen anderen Zuschnitts statt. Dabei ging es zwar ebenfalls um die Einheit und Freiheit Deutschlands und außerdem um den Rechtsstaat, dieses Mal jedoch nicht, um sich zu beglückwünschen, daß man dies alles längst habe, sondern um gegen den Zerfall und die Preisgabe des Erreichten aufzubegehren. Denn viele, die sich nach wie vor als Patrioten verstanden, sahen mit Sorge, daß das, was 1832 erkämpft werden sollte und auf mancherlei Umwegen endlich Wirklichkeit geworden war, im neuen Jahrtausend auf eine von niemand vorausgesehene Wei-

8

se gefährdet war. Nur aus diesem Grund kam man 2018 erneut zusammen. Ähnlich wie 1832 wollte man auch jetzt wieder ein Aufbruchssignal setzen, dieses Mal jedoch nicht mit dem Ziel der Erringung, sondern der Erhaltung von nationaler Einheit und politischer Freiheit.

Diese beiden Feste, die im Zeichen derselben Leitbegriffe standen, aber unter gänzlich veränderten Verhältnissen stattfanden, fordern eine vergleichende Betrachtung geradezu heraus. Über die 30er Jahre des 19. Jahrhunderts – das „philosophische Jahrzehnt unter besonderer Aufsicht der Polizei",[3] wie man spöttisch gesagt hat – wird man dabei wenig Neues erfahren; denn diese Epoche ist bereits vielfach erörtert worden. Anders verhält es sich mit der Gegenwart, auf die ein solcher Vergleich ein eher ungewohntes Licht wirft.

II. Die politische Lage im Vorfeld des ersten Festes

1. Erwartungen an Einheit und Freiheit

Die Frage nach Deutschland offenbarte schon im Alten Reich vor 1806 ein Problem. „Deutschland? aber wo liegt es?", fragten Goethe und Schiller in ihren Zahmen Xenien. „Ich weiß das Land nicht zu finden, wo das gelehrte beginnt, hört das politische auf." Immerhin hatte das Land einen Kaiser, ein Reichskammergericht und eine Organisation, welche die widerstrebenden Kräfte und Religionen einigermaßen zusammenhielt. Dem jungen Hegel war dies zu wenig. „Deutschland ist kein Staat mehr", urteilte er 1802 lakonisch.[4] Und er behielt recht. Unter dem Druck Napoleons, der sich anschickte, ganz Europa unter französische Herrschaft zu bringen, sank das alte deutsche Reich in sich zusammen. Der Niederlegung der Kaiserkrone durch Franz II. folgte die Niederlage des preußischen Heeres auf dem Fuß.

Der Zusammenbruch der Reste dessen, was einmal das deutsche Reich ausgemacht hatte, löste indessen eine Gegenbewegung aus. Die Geschlagenen gaben sich nicht für immer geschlagen, sondern besannen sich auf sich selbst und ihr Eigenstes. Fichte hielt seine Reden an die deutsche Nation. Und wie er, nahmen auch andere sich vor, an inneren Kräften zu gewinnen, was man an äußeren verloren hatte. Eine so nie dagewesene Reformwelle schloß sich an, welche die Staatsverwaltung, eine Agrar- und Gemeindereform, das Universitäts- und Schulwesen, das Militär und die Emanzipation der Juden umfaßte. Ein Ruck ging durch die Gesellschaft. 1813, knapp sieben Jahre nach der desaströsen Niederlage, war man in anderer Verfassung. In einem Aufruf „An mein Volk" rief der preußische König, die Gunst der Stunde nutzend, sein Volk erneut zu den Waffen.

10

Die jungen Leute, die dem Aufruf folgten, taten dies in der Erwartung weiterer Reformen, insbesondere einer politischen Beteiligung des Volkes an den Staatsgeschäften und nicht zuletzt in der Hoffnung, damit zugleich eine Einigung Deutschlands zu befördern. Von ähnlichen Erwartungen waren viele erfüllt, die im Zuge der Befreiungskriege in anderen deutschen Staaten zu den Waffen eilten.

2. Demagogenverfolgung statt Volksbeteiligung

Was tatsächlich geschah, sah anders aus. Nachdem Napoleon besiegt war und der Boden für eine politische Neuordnung frei gewesen wäre, stellten sich die meisten deutschen Fürsten taub und versuchten weiterzumachen wie bisher. Zwar kam es in Baden, Bayern und Württemberg zum Erlaß von Verfassungen; aber namentlich in Preußen und Österreich, den beiden größten Staaten, wollte man von einer Einschränkung der monarchischen Gewalt nichts wissen. In der 1815 zwischen Preußen, Österreich und Rußland beschlossenen Heiligen Allianz wurde vielmehr das Prinzip des fürstlichen Gottesgnadentums bekräftigt und allen bürgerlichen und nationalen Bestrebungen eine Absage erteilt. Dagegen regte sich erwartungsgemäß Protest, der mit straf- und polizeirechtlichen Mitteln unterdrückt wurde. Im Gefolge der 1819 gefaßten Karlsbader Beschlüsse wurde die Zensur verschärft, öffentliche Aufzüge und Versammlungen wurden grundsätzlich verboten, die Burschenschaften wurden überwacht. Wer seine Stimme für nationale Einheit und politische Freiheit erhob, galt als „Demagoge" und war einer strikten Verfolgung ausgesetzt. Die verordnete Friedhofsruhe sorgte verbreitet für Unwillen, der sich gegen die etablierten Mächte richtete.

3. Politisches Aufbegehren im Umfeld

Aber es rumorte nicht nur in den Staaten des Deutschen Bundes, sondern in weiten Teilen Europas. Zum Teil ging es auch hier um die Erringung der nationalen Einheit. Das Aufbegehren gegen die nicht nationalstaatlich, sondern dynastisch und machtpolitisch orientierten Monarchen richtete sich fast notwendig gegen die willkürlichen Grenzziehungen, zu denen deren Herrschaft geführt hatte. Vor allem erscholl überall der Ruf nach politischer Freiheit. Man wollte das „monarchische Prinzip" durch moderne Verfassungen ersetzt sehen und plädierte für die politische Beteiligung weiter Teile des Volkes, die bis dahin kaum Mitspracherechte hatten.

Das Zeichen zum Aufbruch gab die sogenannte Julirevolution von 1830. Veranlaßt durch repressive Zensurgesetze stürzten in Frankreich die Bürger den absolutistisch regierenden Bourbonenkönig und brachten Louis Philippe als sogenannten Bürgerkönig auf den Thron. Dieser war kein König von Gottes Gnaden mehr, sondern von Volkes Gnaden und an eine Verfassung gebunden, die auf dem Prinzip der Volkssouveränität beruhte. Nach einer Bemerkung Metternichs wirkte die Julirevolution auf Europa „wie der Durchbruch eines Dammes".[5] Von Frankreich aus griff die Flamme nach Norden über, wo sich Belgien von den Niederlanden trennte und zu einem eigenen Königreich konstituierte, dessen Verfassung der französischen nachgebildet war. In Polen kam es Ende 1830 zu einem Aufstand gegen die Herrschaft des russischen Zaren. Dieser schlug zwar fehl, aber die aus Polen nach Westen fliehenden Aufständischen wurden überschwenglich gefeiert. In Deutschland entstand eine regelrechte Polenbegeisterung, die unter anderem in den Polenliedern August von Platens Ausdruck fand. Wer für die Polen Partei ergriff, ihren Freiheitswillen lobte und ihr Schicksal beklagte, wandte sich damit unausgesprochen zugleich gegen die Herrschaft der Heiligen Allianz, die politische Veränderungen mit allen Mitteln zu verhindern suchte. In England kam es immerhin zu einer Wahlrechtsreform, die zu einer Erhöhung der Zahl der Wahlberechtigten führte und damit Bewegung in das politische System brachte. Zwar wurde die Reformbill erst 1832 beschlossen; aber die 1831 geführte Diskussion darüber wurde auch außerhalb Englands mit Spannung verfolgt. Ihr war unter anderem Hegels letzte größere Schrift gewidmet. Das Hambacher Fest fügt sich in diese Linie ein. Mit ihm setzte sich die Welle der Erhebungen in Deutschland fort.

III. Das Hambacher Fest von 1832

Warum man sich gerade in dem abgelegenen Nest Hambach versammelte, ist leicht nachvollziehbar.[6] Hambach liegt in der linksrheinischen Pfalz, die 1797 französisch geworden war und wo nach wie vor eine Vielzahl fortschrittlicher französischer Regelungen galt. 1816 war die Rheinpfalz zu Bayern gekommen; aber von Altbayern weit entfernt, blieb sie doch eine Welt für sich. Näher als Bayern stand den Pfälzern die rechtsrheinische Pfalz, die man im Zuge des Wiener Kongresses Baden zugeschlagen hatte und wo es im nahegelegenen Heidelberg, der ehemaligen Residenzstadt der Kurpfalz, eine bekannte Universität gab. Die Pfälzer Burgen waren beliebte Ausflugsziele der Heidelberger Studenten, und noch heute kann man die Namen von Burschenschaftern finden, die sich zur Zeit der Romantik in den Sandsteinmauern dieser Burgen verewigt haben. Da die Ruine des „Hambacher Schlosses" nahe bei Neustadt liegt, wo man eine größere Menschenmenge noch am ehesten versorgen konnte, war sie für ein solches Treffen gut geeignet. Dagegen war das Bauwerk damals durchaus kein Symbol der Freiheit. Siebenpfeiffer, einer der Urheber des Festes, nannte es vielmehr eine „Bergruine, an deren starren Felswänden so mancher Schädel verzweifelnder Bauern sich verblutete", ein „bischöflich-adelige[s] Raubnest, an welchem deutsche Volkskraft sich übte, die heiße Rache durch Zerstörung kühlend".[7] Aber gerade von hier aus schallte, wie er hinzufügte, „die For-

14

derung deutscher Freiheit, deutscher Wiedergeburt, bedeutungsvoll mahnend, in alle Gauen des zerrissenen, des zertretenen Gesamtvaterlandes hinüber!"

Ähnlich wie in Frankreich ging der Anstoß auch im Rheinkreis, wie die bayerisch gewordene Pfalz damals genannt wurde, von verschärften Zensurmaßnahmen aus. Als Reaktion hierauf wurde im Februar 1832 im pfälzischen Zweibrücken der „Deutsche Vaterlandsverein zur Unterstützung der freien Presse" gegründet. Das war ein wichtiger Schritt, weil eine freie Presse eine unerläßliche Voraussetzung für demokratische Veränderungen ist. In Bayern fiel der Verein an sich unter ein am 1. März 1832 erlassenes Vereinsverbot. Man ließ ihn jedoch gewähren. Wohl aber wurden die von Wirth und Siebenpfeiffer herausgegebenen Zeitschriften verboten und beiden Redakteuren ein fünfjähriges Berufsverbot erteilt. In der Pfalz war die Stimmung aber noch aus anderen Gründen gereizt. Die Pfälzer fühlten sich durch überhöhte Steuern und eine 1829 eingeführte Maut hart bedrückt. Mehrere Mißernten hatten die Unzufriedenheit noch gesteigert. Was lag da näher, als daß man den Jahrestag der bayrischen Verfassung, den 26. Mai, der auch in diesem Jahr feierlich begangen werden sollte, gleichsam „umfunktionierte" und für den Folgetag zu einem Fest aufrief, das der politischen Lage in Deutschland überhaupt gewidmet war?

1. Der äußere Ablauf

Die Initiative dazu ging von Philipp Jakob Siebenpfeiffer und Johann Georg August Wirth aus,[8] die als Zeitungsverleger von den staatlichen Zensurmaßnahmen hart betroffen waren und daher nach anderen Wirkungsmöglichkeiten suchten. Das Resultat dieser Suche hat Wirth so zusammengefaßt: „Ein Ersatz für diese bloß für die Reform Deutschlands wirkende Presse war bald gefunden: er besteht in großen öffentlichen Volksversammlungen."[9] Nachdem von anderer Seite aus bereits zu einem Konstitutionsfest auf dem Hambacher Schloß eingeladen worden war, luden am 20. April 34 Neustädter Bürger in einem von Siebenpfeiffer verfaßten Aufruf für den 27. Mai, also den auf den Konstitutionstag unmittelbar folgenden Sonntag, unter dem Titel „Der Deutschen Mai" zu einem „Fest der Hoffnung" ein, das „dem Kampfe für Abschüttelung innerer und äußerer Gewalt, für Erstrebung gesetzlicher Freiheit und deutscher Nationalwürde" gewidmet sein sollte.[10] Der rheinbayerische Regierungspräsident, der witterte, daß hier etwas anderes in Gang war als ein Lobpreis der bayrischen Verfassung, erließ umgehend ein Verbot dieser Veranstaltung, sperrte die Neustadter Vororte Winzingen und Hambach für die fragliche Zeit für Fremde und untersagte alle Versammlungen und öffentlichen Reden.[11] Dagegen erhob sich von allen Seiten lebhafter Protest.[12] Da man in München an einem Kompromiß interessiert war[13] und die Neustadter Veranstalter versicherten, nur ein

16

„friedliches schönes Fest" feiern und für jede Unordnung haften zu wollen, hob der Regierungspräsident sein Verbot für bayerische Staatsangehörige wieder auf.[14] Desungeachtet machten sich nicht nur aus Bayern, sondern aus allen Teilen Deutschlands zahlreiche Patrioten auf nach Neustadt. Am 27. Mai strömte vom Neustadter Marktplatz aus eine riesige Volksmenge auf den vier Kilometer langen Weg „hinauf zum Schloß". Die Zahl der Teilnehmer wird auf 20.000 bis 30.000 geschätzt. Natürlich warf das Probleme auf, weil der Burghügel für eine solche Zahl nicht vorgesehen war. Manche Reden mußten an unterschiedlichen Stellen wiederholt werden, damit möglichst viele sie hören konnten; andere waren nur einem begrenzten Kreis zugänglich. Den Überblick über das Geschehen zu behalten, war unter diesen Bedingungen nicht leicht. Nach dem 28. Mai, dem zweiten Tag des Festes, reisten viele wieder ab, obwohl sich das Treffen bis zum 1. Juni hinzog.[15]

2. Die Idee des Festes: nationale Einheit und politische Freiheit

Daß ein nationales Volksfest dieser Dimension im Vormärz möglich war, ist nur durch die Aufbruchsstimmung zu erklären, die viele erfaßt hatte. Von größerem Interesse jedoch ist, was in Hambach geschah und was dort gesprochen wurde. *Siebenpfeiffer*, der nach einer von dem Neustadter Arzt Dr. Philipp Hepp gegebenen Einführung das Wort ergriff, ließ sich in seiner Rede[16] vor allem über die

„Idee des Festes" aus und bemühte sich, die unterschiedlichen Ansichten der Beteiligten auf einen gemeinsamen Nenner zu bringen. Für das Pathos, mit dem er – ebenso wie viele der folgenden – sprach, fehlt uns heute das Sensorium. Im Kern jedoch war seine Botschaft einfach und klar: „*Vaterland – Freiheit – ja! ein freies deutsches Vaterland* – dies [ist] der Sinn des heutigen Festes, dies [sind] die Worte, deren Donnerschall durch alle deutschen Gemarken drang, den Verrätern der deutschen Nationalsache die Knochen erschütternd, die Patrioten aber anfeuernd und stählend zur Ausdauer im heiligen Kampfe, ‚im Kampf zur Abschüttelung innerer und äußerer Gewalt'". Im Jahr darauf, vor dem Landauer Assisengericht, hat Siebenpfeiffer all dies auf eine denkbar einfache Formel gebracht: „Was wollte das Hambacher Fest? An die Stelle der zertretenen Presse treten."[17]

In seiner Rede erinnerte Siebenpfeiffer daran, wie sich das Volk vor Jahren in den Kampf gegen Napoleon gestürzt hatte, „zu erringen die Freiheit, zu erringen ein Vaterland". Aber die Blüte des Sieges sei „zernagt [worden] vom Wurm fürstlich-aristokratischer Selbstsucht, die heilige Saat ... ward zertreten vom eisernen Fuß der Despoten". Nun aber sei der „herrliche Völker-Mai" wiedergekehrt. Wer den Blick auf die politischen Zustände in Deutschland richte, gerate zwar in Zorn, aber eben dies berechtige zur Hoffnung: „In diesem edlen Zorn ist die Bürgschaft gegeben, daß einst ein Deutschland wieder erstehe aus den Trümmern, worunter die Gewalt der Zeit und der Verrat der Fürsten es begraben." Denn noch sei es „dasselbe Volk", um welches, als den natürlichen Mittelpunkt, einst alle Völker Europas sich reihten, noch sei es dasselbe Volk, das in der Zeit der tiefsten Erniedrigung mit heiliger Begeisterung die Ketten der Fremdherrschaft zerbrochen habe. Deshalb sei der Tag nicht fern, „wo ein gemeinsames deutsches Vaterland sich erhebt, das ... alle Bürger mit gleicher Liebe, mit gleichem Schutz umfaßt; wo die erhabene Germania dasteht, auf dem erzenen Piedestal der Freiheit und des Rechts, in der einen Hand die Fackel der Aufklärung, ... in der andern die Waage des Schiedsrichteramts..."

Allein an dieser Stelle deutete Siebenpfeiffer an, daß man nicht nur Reden schwingen, sondern notfalls auch die politische Aktion suchen werde: Seitdem das deutsche Volk das napoleonische Joch abgeschüttelt habe, habe es „lammfromm, von seinen Fürsten die verheißene Wiedergeburt" erwartet. Aber es sehe sich durch Meineid getäuscht, denn: „Die Natur der Herrschenden ist Unterdrückung, der Völker Streben ist Freiheit." Wenn die Fürsten „nicht ihren Wolkenthron verl[ieß]en und Bürger w[ü]rden", werde das Deutsche Volk „in einem Moment erhabener Begeisterung allein vollenden das Werk...; das deutsche Volk wird vollbringen das heilige Werk durch einen jener allmächtigen Entschlüsse, wodurch die Völker, wenn die Fürsten sie an den Abgrund geführt, sich einzig zu retten vermögen."

Angesichts der aufgewühlten Atmosphäre in vielen Ländern Europas und der angespannten Stimmung im Deutschen Bund war dies ein unmißverständlicher Hinweis auf einen gewaltsamen Umsturz. Unmittelbar im Anschluß daran appellierte Siebenpfeiffer an die studierende Jugend, die noch nicht von den Lehren der Selbstsucht und des aristokratischen Hochmuts vergiftet sei, und rühmte, sie wolle „den stolzen Tag heraufführen, wo das morsche gotische Gebäude des politischen Europa zusammensinkt, wobei man sich über nichts wundern w[erde] als über das geringe Getöse des Sturzes".

Freilich führte Siebenpfeiffer dies nicht näher aus, wenngleich er an seiner Aversion gegen die Gewaltherrschaft des Adels keinen Zweifel ließ. Er lenkte vielmehr auf seine allgemein gehaltenen Anfangsworte zurück: Der Gedanke des heutigen Festes, „des herrlichsten, bedeutungsvollsten, das seit Jahrhunderten in Deutschland gefeiert ward", sei „der Gedanke der Wiedergeburt des Vaterlandes". Aber dieses Werk müsse bald vollendet werden, solle *„die deutsche, soll[e] die europäische Freiheit nicht erdrosselt werden von den Mörderhänden der Aristokraten"*. „Lasset uns nur *eine* Farbe tragen", schloß er seine Rede, „damit sie uns stündlich erinnere, was wir sollen und wollen, die Farbe des deutschen Vaterlands; auf *ein* Gesetz nur lasset im Geist uns schwören, auf das heilige Gesetz deutscher Freiheit; auf *ein* Ziel nur lasset uns blicken, auf das leuchtende Ziel deutscher Nationaleinheit,

deutscher Größe, deutscher Macht ..." Wenn dieser
Gedanke alle voll und lebendig durchdringe, dann
werde „in strahlendster Gestalt sich erheben, wonach wir alle ringen und wozu wir heute den Grund-
stein legen – *ein freies deutsches Vaterland.*"

Johann Georg August Wirth schlug in seiner
Rede[18] noch andere Töne an. Hatte sich Siebenpfeiffer bemüht, die unterschiedlichen Richtungen
zusammenzuführen, so ging Wirth weniger zielfüh-
rend zu Werk. Im Ausgangspunkt war er sich zwar
mit Siebenpfeiffer darin einig, daß die Heilige Allianz den finstersten Despotismus repräsentierte. Aber
von der „deutschen Volkshoheit" versprach er sich
ungleich mehr als Siebenpfeiffer eine Initialzün-
dung für viele weitere europäische Staaten. Wenn
das deutsche Volk in sein gutes Recht eingesetzt sei,
so meinte er nämlich, würden auch Polen, Ungarn
und Italien frei, die Befreiung Spaniens und Portu-
gals folge von selbst, ebenso „der Sturz des unnatür-
lichen englischen Übergewichts".

Einmal in Fahrt gekommen, ließ Wirth seiner
Phantasie freien Lauf: „Europa", so sinnierte er, „ist
wiedergeboren und auf breiten natürlichen Grundlagen dauerhaft organisiert. Freiheit des Welthan-
dels ist die köstliche materielle Frucht und unauf-
haltsames Fortschreiten der Zivilisation der außer
jeder Berechnung liegende geistige Gewinn eines
solchen Weltereignisses. Die reichen Länder der
europäischen Türkei [d.h. Serbien, Rumänien, Bul-

garien] werden dann nicht länger den Feinden aller Kultur überlassen bleiben, weil die Eifersucht einer schwachköpfigen und engherzigen Politik diese herrlichen Provinzen einem zivilisierten Volke nicht gönnt. Man wird sie vielmehr der Zivilisation wiedergeben, Konstantinopel durch Umschaffung in eine freie Stadt und einen freien Hafen in einen allmächtigen Hebel des europäischen Handels verwandeln, die Hilfsquellen Afrikas für Europa öffnen und dann den großen Menschenfreund, den Handel, gewähren lassen, daß er seine unendlichen Gaben und unerschöpflichen Schätze über die Völker Europas ausschütte und zugleich alle Nationen zu ewig neuen Fortschritten in der Zivilisation ansporne. Unermeßlich sind die Folgen der Befreiung Europas, unermeßlich schon in Ansehung der Emporhebung und gleichmäßigen Verbreitung des Wohlstandes und unermeßlich vollends in Ansehung der geistigen Fortschritte." Fast möchte man das mit Heinrich Heines Worten kommentieren: „Dort, auf Hambach, jubilierte die moderne Zeit ihre Sonnenaufgangslieder, und mit der ganzen Menschheit ward Brüderschaft getrunken ..."[19]

Anders als Siebenpfeiffer war Wirth einer jener phantasiebegabten Köpfe, die spielerisch eine Fülle von Möglichkeiten vor ihrem inneren Auge Revue passieren lassen und dabei der Wirklichkeit weit vorauseilen. Langfristig gesehen lag er mit seinen Visionen gar nicht einmal so falsch. Aber ein Volksfest, das großenteils von bodenständigen Leuten besucht wurde, war wohl nicht der geeignete Ort, um so weitreichende Perspektive zu entwerfen. Wenig diplomatisch waren auch seine Seitenhiebe gegen Frankreich, dem er vorhielt, nach wie vor auf die Einverleibung der Pfalz erpicht zu sein. Auf die Hilfe Frankreichs dürfe man daher nicht hoffen, mahnte er. Es werde im Falle einer gewaltsamen Umwälzung in Deutschland nur die Gelegenheit wahrnehmen, sich in den Besitz des linken Rheinufers zu setzen. Das aber sei unter allen Umständen zu verhindern. Der ungeschmälerte Erhalt der Nation hatte für Wirth, der sich der jahrhundertelangen Wehrlosigkeit des zersplitterten Deutschlands gegenüber Frankreich gut bewußt war, Vorrang vor der politischen Freiheit im Innern. „[D]aß wir um den Preis ... der Abtretung des linken Rheinufers an Frankreich, selbst die Freiheit nicht erkaufen wollen, daß vielmehr bei jedem Versuche Frankreichs, nur einen Schollen deutschen Bodens zu erobern, auf der Stelle alle Opposition im Innern schweigen und ganz Deutschland gegen Frankreich sich erheben müßte und werde, daß die Befreiung unseres Vaterlandes vielmehr umgekehrt die Wiedervereinigung von Elsaß und Lothringen mit Deutschland wahrscheinlicherweise zur Folge haben werde, über alles dies kann unter Deutschen nur eine Stimme herrschen.“

Da an dem Fest auch französische Gäste teilnahmen, waren solche Äußerungen zweifellos ungeschickt.[20] Ähnliche Töne klangen jedoch auch in der Rede des aus Heidelberg herübergekommenen

Studenten *Karl Heinrich Brüggemann* an:[21] Die
große Idee der Nationalität, der Volksherrlichkeit
beherrsche unser Jahrhundert und schließe Freiheit und Gleichheit notwendig mit ein, verkündete
auch dieser. Sie werde daher nicht nur Deutschland
vereinigen, sondern „*ganz Europa* zu Freistaaten
gestalten". Deutschland scheine dazu bestimmt zu
sein, diese Idee zuerst zu realisieren, und solle dann,
als das Herz Europas, „über die Wiedergeburt des
übrigen Europas wachen. Polen wird es herstellen,
Italiens Vereinigung beschirmen, das französische
Belgien mit Frankreich, das deutsche Elsaß und
Lothringen wieder mit Deutschland verbinden, Un-
garns Freiheit und Selbständigkeit achten..."

Immerhin schloß *Wirth* seine Ansprache ver-
söhnlich, indem er eine Anregung zum weiteren
Vorgehen machte, die auch andere Nationen mit
einschloß: Ein Bund geeigneter Männer solle die
Kraft zu Deutschlands Wiedergeburt erzeugen.
„[E]r möge auch zu gleicher Zeit mit den Patrioten
der Nachbarländer sich verständigen, und wenn ihm
Garantien für die Integrität unseres Gebietes gegeben sind, dann möge er immerhin auch die brüder-
liche Vereinigung suchen, mit den Patrioten aller
Nationen, die für Freiheit, Volkshoheit und Völ-
kerglück das Leben einzusetzen entschlossen sind.
Hoch! dreimal hoch leben die vereinigten Freistaaten Deutschlands! Hoch! dreimal hoch das konfö-
derierte republikanische Europa!" Das Hoch auf
die „vereinigten Freistaaten Deutschlands" enthält

24

einen Hinweis darauf, wie Wirth sich die künftige Staatsform Deutschlands vorstellte: nämlich als eine Einheit föderalistisch verbundener Republiken. Von Monarchien war in diesem Hoch nicht die Rede.

Die überschwengliche Polenbegeisterung vieler Teilnehmer und Redner mag überraschen, entsprach jedoch dem Zug der Zeit. Manche, wie *Johannes Fitz* aus Dürkheim, verknüpften die Sache Polens sogar überhaupt mit der Deutschlands und anderer Völker:[22] „[O]hne Polens Freiheit, keine deutsche Freiheit! ohne Polens Freiheit kein dauernder Friede, kein Heil für alle andern europäischen Völker!" Darum rief Fitz die Deutschen dazu auf, „Gut und Blut für die Befreiung Polens zu opfern", dies auch als „Sühn-Opfer ... , um den Schandfleck wieder abzuwaschen, welchen die scheußliche Politik des vorigen Jahrhunderts durch die Teilung Polens dem deutschen Namen aufgedrückt hat!" Hoch auf der Burg wehte die Fahne mit den Farben Schwarz-Rot-Gold und der Aufschrift „Deutschlands Wiedergeburt", darunter die Fahne Polens. Daß die polnischen Aufständischen weniger für die Herrschaft des Volkes als für die Erneuerung der polnischen Adelsherrschaft gekämpft hatten, sah man im Überschwang der Begeisterung nicht.

3. *Metapolitik und revolutionäre Tendenzen*

Den meisten Teilnehmern ging es vermutlich darum, sich mit Gleichgesinnten zu verbinden und dabei ein weithin sichtbares Zeichen zu setzen, das auch andere ermuntern sollte, sich anzuschließen. Über die allgemeinen Ziele der nationalen Einheit und politischen Freiheit war man sich einig, weniger darüber, was darunter genauer zu verstehen war und wie man dahin gelangen sollte. Karl Heinrich Brüggemann, einer der Redner, hat in der Haft später erklärt, man habe sich mit „Metapolitik" befaßt, also Überlegungen angestellt, wie sie jeder Politik zugrunde liegen müssen, wenn diese über ein tragfähiges Fundament verfügen soll. Das war in diesem Fall um so mehr geboten, als die Zensur eine offene literarische Auseinandersetzung über eine politische Umgestaltung weitgehend unmöglich machte. Die gelegentlich geübte Kritik, die „Hambacher" hätten über keine konstruktiven Konzepte verfügt, ist daher schief, weil sie die Bedingungen nicht berücksichtigt, unter denen die Akteure damals standen.

Angesichts des Umstandes, daß es anstelle eines deutsches Staates nur eine Vielzahl selbständiger Territorien gab, die durch Grenzen, Schlagbäume und unterschiedliches Recht voneinander getrennt waren, kam es zunächst einmal darauf an, diese getrennten Herrschaftsgebiete grenzübergreifend als politisch relevante Einheit zu begreifen. Als verbindendes Element diente dabei der Gedanke der

Nation. Das kommt gut in dem Wunsch zum Ausdruck, mit dem *Johann Jakob Schoppmann* die Zusammenkunft schloß, nämlich daß „der von allen gutgesinnten Deutschen hier ausgestreute Samen diejenigen Früchte tragen [möge], deren Erzielung unser Zweck war: nämlich möge der Deutsche sich nicht mehr als Bayer, Badner, Württemberger, Sachse, Brandenburger etc., sondern bloß als Deutscher betrachten und sich so zu der politischen Höhe wieder erheben, die Deutschland bei der gegenwärtigen Zeit so notwendig ist …"[23]

Nationale Einheit und politische Freiheit waren für die Beteiligten die zwei Seiten einer Medaille. Im einen wie im anderen Fall stieß man auf dasselbe Hindernis: Territoriale Zersplitterung und politische Unfreiheit gingen auf die souveränen Fürstentümer zurück, in die Deutschland damals aufgeteilt war. Legitimatorische Grundlage der fürstlichen Macht war das Theorem des Gottesgnadentums, das den Absolutismus gegen jeden Zweifel absicherte. Wenn schon das Ziel der nationalen Einigung mit der Unantastbarkeit der fürstlichen Gewalt kaum vereinbar war, so standen Volkssouveränität und Fürstensouveränität vollends im Widerspruch zueinander. Wie sollte man den Deutschen Bund, wie er stand und lag, in eine parlamentarische Monarchie umwandeln können oder gar in eine Republik, noch dazu dann, wenn eine offene Auseinandersetzung nicht möglich war? Auf eine Republik liefen jedoch, wenn man konsequent sein wollte, alle Überlegungen hinaus.

Bereits im Januar 1832 war anläßlich eines Banketts zu Ehren des rheinbayerischen Abgeordneten Friedrich Schüler unzweideutig ausgesprochen worden, „daß eine Vermittlung mit dem Prinzip der Legitimität und dem Königtum des göttlichen Rechts unmöglich sei und daß die Reform Deutschlands auf das Prinzip der unbedingten Volks-Souveränität gebaut werden müsse".[24] Das war ohne einen gewaltsamen Umsturz schwerlich zu haben.

In den Schlußworten[25] seiner Darstellung des Hambacher Festes versuchte Wirth dennoch die Quadratur des Kreises: Das Fest müsse die deutschen Patrioten dazu verbinden, „eine Grundreform Deutschlands auf gesetzlichem Wege durchzuführen". Ein Gremium von Vertrauensmännern, eine „Vereinigung geistiger Kräfte" solle „durch die Presse, öffentliche Reden oder andere erlaubte Belehrungsmittel die öffentliche Meinung aller deutschen Volksstämme" für die notwendige Grundreform gewinnen und anschließend „durch Adressen, Motionen bei Ständeversammlungen und Provinziallandtagen sowie durch andere erlaubte Mittel die Einwilligung der Regierenden zur Durchführung der Reform" erwirken. Der Heidelberger Student Brüggemann äußerte später geradezu, er habe sich eine „gesetzliche Revolution", also eine umstürzende Änderung auf gesetzlichem Weg gewünscht, und verwies dazu erläuternd auf die englische Reformbill.[26]

Die entscheidende Frage war jedoch die, was zu tun wäre, wenn die etablierten Mächte – wie anzunehmen war – gar nicht daran dachten, sich auf einen gesetzlich organisierten Wandel einzulassen. Mußte man dann nicht doch zur Gewalt greifen? In der Tat war Gewalt das letzte Mittel, das viele in den Blick nahmen, unter anderem auch Brüggemann: „[W]enn die freie Presse vernichtet, die Gesetze verhöhnt und die Mittel der Menschheitsbildung abgeschnitten werden – dann, ja dann ist keine Wahl mehr, ... dann ist der Kampf ein Kampf der Notwehr, der alle Mittel heiligt...“[27] Die versteckte Drohung mit Gewalt zog sich durch fast alle Reden. *Franz Stromeyer*, einer der Redner, sah indessen voraus, womit von seiten der Fürsten zu rechnen war, wenn man erst wieder auseinander gegangen war: „Werden sie nicht, wenn die versammelten Freunde in die entfernten Täler ihrer Heimat zerstreut sind, wie damals nach dem Feste von Wartburg, neue Demagogen-Jagden anstellen und eure besten Freunde dem politischen Ketzergericht und der sichern Verdammung überliefern?“ Er ließ die Versammelten daher schwören, daß sie „mit Gut und Blut schirmen wolle[n] das Vaterland und dessen Freunde vor jeder Gewalt von innen und außen.“[28] Das war freilich ziemlich unrealistisch; denn das Versprechen, auch nach der Zerstreuung Widerstand zu leisten, konnte die in einem solchen Fall gegebene Ohnmacht nicht überwinden. Manche Redner riefen daher umgehend zum sofortigen Losschlagen auf und erhielten dafür viel Beifall. Allgemein wurden die Fürsten beschuldigt, die Sache der Freiheit verraten zu haben, einige forderten im Überschwang die Entthronung des bayrischen Königs oder gar den Tod aller Fürsten. Mehrfach wurde Wilhelm Sauerweins Rundgesang „Das deutsche Treibjagen" gesungen, der mit den Worten begann: „Fürsten zum Land hinaus! Jetzt kommt der Völkerschmaus".

Am Montag, dem 28. Mai, kam es im kleineren Kreis zu Beratungen darüber, wie man weiter verfahren sollte.[29] Unter anderem besprach man, ob man sich für permanent erklären, sich also als Nationalversammlung konstituieren oder es bei einer Privatversammlung belassen sollte. Die Bedenkenträger setzten sich durch. Damit war klar, wie es weitergehen würde. Heinrich Heine hat das später so kommentiert: „Nur damals und während den Tagen des Hambacher Festes hätte mit einiger Aussicht guten Erfolges die allgemeine Umwälzung in Deutschland versucht werden können. Jene Hambacher Tage waren der letzte Termin, den die Göttin der Freiheit uns gewährte; die Sterne waren günstig; seitdem erlosch jede Möglichkeit des Gelingens ... Was war es aber, was die Männer von Hambach abhielt, die Revolution zu beginnen? Ich wage es kaum zu sagen, denn es klingt unglaublich ... [A]ls man darüber stritt, ob die zu Hambach anwesenden Patrioten auch wirklich kompetent seien, im Namen von ganz Deutschland eine Revolution anzufangen, da seien diejenigen, welche zur raschen Tat rieten, durch die Mehrheit überstimmt worden, und die Entscheidung lautete: ‚man sei nicht kompetent‘. O Schilda, mein Vaterland!"[30] Nikolaus Hallauer, der auf dem Fest als Redner aufgetreten war, quittierte das Abstimmungsergebnis denn auch mit dem Ruf: „Im Gefängnis sehen wir uns alle wieder!" Aber selbst wenn man sich zur Nationalversammlung erklärt hätte, wäre es letztlich wohl nicht anders gelaufen. Denn auf Anordnung der bayerischen Regierung standen in Speyer und Landau Truppen zum Eingreifen bereit, denen die Versammelten schwerlich hätten widerstehen können.

IV. Nachspiel

1. Die Regierungen rüsten zum Gegenschlag

Nicht nur in Bayern, auch bei den Regierungen außerhalb Bayerns war man durch all dies aufs höchste alarmiert. Man sah revolutionäre Umtriebe nach französischem Vorbild am Werk und glaubte die Ordnung nur durch die rigorose Verfolgung der aktiv Beteiligten und die Verhinderung ähnlicher Zusammenkünfte bewahren zu können. In den politischen Freiheitsrechten der Pressefreiheit, der Versammlungs- und Vereinigungsfreiheit sahen die Verantwortlichen unkalkulierbare Gefahren für die obrigkeitliche Leitung der Staatsgeschäfte.[31] Ein Blick in einige regierungsamtliche Schreiben, die damals ausgetauscht wurden, vermittelt einen guten Eindruck dieser Stimmung.

„Im Bayerischen Rheinkreis herrscht die totale Anarchie", meldete der russische Gesandte in Frankfurt dem russischen Staatskanzler. „Die Provinz wird zum Vorbild für die Erhebung in allen anderen deutschen Staaten, und die Regierung unternimmt nicht das geringste, um diese gefährliche revolutionäre Propaganda einzudämmen. Das nenne ich Schwäche, Kurzsichtigkeit."[32] „Macht wird nur noch in jenen Staaten ausgeübt, die kein parlamentarisches System angenommen haben", schrieb Metternich an den österreichischen Gesandten in Berlin. „[H]ätte man sich schon früher zu dieser Wahrheit bekannt, wäre nichts von dem eingetreten, was heute den Niedergang der Welt herbeiführt. Jetzt sind alle Hoffnungen zerstört, und die Gesellschaft ist in ihren Grundfesten erschüttert." Die Rettungsmaßnahmen aufzulisten, die den Regierungen noch zur Verfügung stünden, hielt Metternich für Zeitverschwendung: „[H]eutzutage sind schriftliche Erörterungen so gut wie nutzlos. Allein im Handeln liegt noch Aussicht auf Erfolg."[33] In einem weiteren Schreiben vom selben Tag faßte er daher eine Bundesexekution ins Auge: Wenn die öffentliche Ruhe und Ordnung in mehreren Bundesstaaten bedroht sei und dagegen nur von seiten der Gesamtheit zureichende Maßregeln ergriffen werden könnten, so sei „der Bundestag befugt und berufen, nach vorgängiger Rücksprache mit den zunächst bedrohten Regierungen, solche Maßnahmen zu beraten und zu beschließen. Dieser in der Schlußakte vorgesehene Fall liegt nun vor, und es ist unsere Absicht, auf dieser bundesgesetzlichen Grundlage die weiteren Verhandlungen zu Tage zu fördern."[34]

Abermals am selben Tag schrieb Metternich an Fürst Wittgenstein, den Minister des königlichen Hauses in Berlin: „Parteien, welche bestimmte Zwecke verfolgen, erblinden über Pflicht und Klugheit. Der Zweck heiligt die Mittel, ist die deutsche Universitätslehre, und sie trägt heute ihre Früchte in den herangereiften Burschen der früheren Zeit…

Mit Volksrepräsentationen im modernen Sinne, mit der Preßfreiheit und politischen Vereinen muß jeder Staat zugrunde gehen, der monarchische wie die Republik. Nur Anarchie ist möglich; dagegen mögen die Gelehrten am Schreibtische protestieren, soviel sie auch immer wollen. Am Ende der Gelehrsamkeit steht das Zuschlagen, und kommt es einmal hierzu, so ist der, der in geschlossenen Reihen zuschlägt, der Gelehrteste. Wir werden in Deutschland zum Zuschlagen kommen ...“[35]

Unabhängig davon war auch das preußische Staatsministerium zu der Auffassung gelangt, daß „die Begebenheiten dieses Festes ... nur als vollständige Revolution bezeichnet werden könn[t]en, und zwar ... gegen alle Staaten des Deutschen Bundes“, und hielt daher ebenfalls eine Bundesexekution für angezeigt. Die Maßnahmen sollten sich jedoch „vorerst vornehmlich darauf beschränken ...: 1. der Rädelsführer des Hambacher Festes und der außerdem dabei besonders graviert erscheinenden Personen habhaft zu werden und [sie] gerichtlich bestrafen zu lassen. 2. Ferner ähnlichen Versammlungen verhindernd entgegenzutreten und dadurch sowohl, als 3., durch ernste Bekämpfung des Preß-Unfugs, der revolutionären Partei ihre beiden Hauptwaffen zu nehmen.“ Speziell für Preußen wurde vorgeschlagen, „bekannt zu machen, daß alle am Hambacher Fest tätigen Anteil genommen habenden Preußen als Hochverräter verfolgt werden sollen. – Alle auf den Universitäten Heidelberg und Freiburg studierenden

Preußen zurückzuberufen und beide Universitäten auf unbestimmte Zeit den Inländern zu verbieten. Endlich das Verbot gegen ausländische [nichtpreußische] Zeitungen auszudehnen und auf alle Blätter von entschieden revolutionärer Farbe auszudehnen; auch alle preußischen Buchhändler zu verpflichten, wenn sie ausländische Flugschriften verbreiten wollen, dieselben einer Re-Zensur zu unterwerfen."[36]

„Als das erste und größte Hauptübel des Hambacher Festes", notierte der Herzog von Mecklenburg, „erscheint unstreitig das Prinzip desselben. Es ist seinem Prinzip nach für Deutschland das, was die Juli-Revolution für Frankreich war." Die Hambacher Ereignisse ließen „alles als gemäßigt erscheinen, was vor zwei Jahren in Frankreich geschah, und erinner[te]n überbietend an den frechsten Sansculottismus der früheren französischen Revolution." Die Franzosen seien aus Gewohnheit gegen den politischen Rausch mittlerweile gleichgültig geworden. Aber bei den Deutschen werde dieser Rausch „blutigen Bürgerkrieg hervorrufen ..., wenn ihm nur schwache und partielle und nicht kräftige und energisch durchgreifende Maßregeln entgegentreten" würden.[37]

Die preußische Staatsregierung wies die bayerische Regierung in diplomatisch verklausulierter Sprache auf die Möglichkeit einer Bundesexekution hin und legte ihr die gebotenen Mittel nahe, um „den Umtrieben schamloser Revolutionäre in dem Rheinkreise ein Ende zu machen". Ein solches Mittel sei es zunächst gewesen, „daß nach der Erscheinung des Wirthschen Aufrufes, der ein wahres Kriegs-Manifest gegen die eigene Regierung ... und gegen ganz Deutschland war, der letztere gesetzmäßig zu verhaften und wegen unleugbaren Majestätsverbrechens dem Gerichte zu überliefern gewesen" sei. „Jetzt", so heißt es abschließend, „reicht vielleicht noch ein fester und fest durchgeführter Wille hin, um den revolutionären Geist darniederzuhalten; später dürften schon eingreifendere Maßregeln gegen diesen nötig werden, und das, was jetzt noch leicht zu tun ist, möchte nach kurzer Zeit, wenn die öffentliche Meinung unausgesetzt bearbeitet wird, schwieriger, ja zuletzt selbst unmöglich werden. Dies lehrt die Geschichte aller Katastrophen, welche die Staaten betroffen haben."[38]

2. Demagogenverfolgung

In München reagierte man rasch. Um die Ordnung wiederherzustellen, schickte man zusätzliche Truppen in die Rheinpfalz. Für alle Schäden infolge von Unruhen sollten die Gemeindemitglieder solidarisch haften. Im Fall von Ruhestörungen wurde die militärische Besetzung auf Kosten der Einwohner angedroht. Waffen- und Munitionsvorräte mußten angezeigt werden. Der für den Rheinkreis verantwortliche Regierungspräsident wurde abberufen; auch andere Amtsträger wurden durch absolut zuverlässige Personen ersetzt. Acht der Hauptbetrei-

36

ber des Festes wurden vor einem außerordentlichen Assisenhof in Landau des Hochverrats angeklagt. Nachdem sie dort überraschend freigesprochen worden waren, wurden die meisten aufgrund derselben Taten noch einmal vor Zuchtpolizeigerichte gestellt und wegen „Beleidigung in- und ausländischer Behörden" angeklagt. Die beamteten Richter zeigten sich den Wünschen der Obrigkeit geneigter, als die Geschworenen es waren, und so wurden Wirth und Siebenpfeiffer dieses Mal zu zwei Jahren Gefängnis verurteilt. Ähnlich wurde mit anderen verfahren. Die ins Ausland geflohenen Beschuldigten wurden ohne Geschworene in absentia verurteilt. Siebenpfeiffer gelang es, in die Schweiz zu entkommen. Wirth weigerte sich, zu fliehen, gelangte aber später ebenfalls in die Schweiz.

Der preußische Student Karl Heinrich Brüggemann, der in Hambach als Redner hervorgetreten war, wurde von Baden an Preußen ausgeliefert und vom Berliner Kammergericht wegen Hochverrats zum Rädern „von oben her" (d.h. von der Brust her) verurteilt. Wie er berichtet, wurden noch etwa 60 weitere junge Leute mit der Todesstrafe belegt.[39] Durch eine königliche „oberstgerichtliche" Reformation des Urteils wurde Brüggemann ebenso wie andere jedoch auf lebenslangen Festungsarrest gesetzt und 1840 anläßlich des Thronwechsels begnadigt. Trotz Habilitation (1842) blieb ihm die akademische Laufbahn aus politischen Gründen versagt, so daß er sich im Zeitungswesen betätigen mußte.

3. *Trauerspiel der deutschen Demokratie*

Im Ergebnis endete das Hambacher Fest daher mit einem Debakel. Die etablierten Mächte verspürten darin nur den Ludergeruch der Revolution und sahen Wirrköpfe am Werk, denen man die Leitung politischer Geschäfte unmöglich anvertrauen konnte. Allein das progressive Bürgertum erblickte darin den Vorboten einer kommenden Zeit, in der das Volk nicht mehr von einer abgeschotteten Kaste beherrscht werden würde. Praktisch war die Kluft zwischen der adligen Oberschicht und den bürgerlichen Untertanen unüberwindlich. Für die Fürsten war der leiseste Zweifel an ihrer göttlichen Bestimmung ein unverzeihliches Sakrileg. Auf der anderen Seite war es für die politisch denkenden Bürger ausgemacht, daß staatliche Herrschaft letztlich nur als Herrschaft des Volkes über sich selbst legitimiert werden konnte. Dieser Konflikt zog sich über ein Jahrhundert hin und wurde unter anderen Auspizien erst 1918 entschieden.

Veit Valentin, dem wir das bekannteste Werk über das Hambacher Fest verdanken, hat sein Urteil so zusammengefaßt: „Vieles, was in Hambach getan und gesprochen worden ist, mag man unreif, töricht, geschmacklos finden. Die Staatsautorität, die sich mit voller Absicht gerade an solche Auswüchse hielt, hat auch sicher das Recht zur Selbstverteidigung gehabt, so wie es jede Staatsautorität besitzt, die an sich glaubt. Es war aber gewiß nicht klug,

die Volksbewegung, die in Hambach so jugendlich
spontan ausbrach, einfach totzuprügeln... Das Hambacher Nationalfest war weder eine Bagatelle noch
ein Frevel wider das Heiligste des Staatslebens.
Es war die erste deutsche politische Versammlung
großen Stils, die in der öffentlichen Meinung und
auch in der schönen Literatur als Ereignis fortlebte,
einer Heldensage gleich, vielfach verklärt und aus-
geschmückt... Es wurden Ideen ausgesprochen, die
unmittelbar den Weg zur Frankfurter Paulskirche
wiesen, andere zeigten in eine noch viel entferntere
Zukunft europäischer, menschheitlicher Gesinnung.
Über dem Hambacher Fest liegt der Schimmer des
Jugendtraums und die Wehmut umsonst vertanen
Aufwandes. Wegen dieser mahnenden Symbolik gehört seine unbefangene Würdigung zu einer wahr-
haft deutschen Geschichte Deutschlands."[40]

V. Die allgemeine Lage im Vorfeld des „Neuen Festes"

Ähnlich wie das erste Hambacher Fest von 1832 stand auch das im Jahr 2018 veranstaltete „Neue Hambacher Fest" im Zeichen von nationaler Einheit und politischer Freiheit. Freilich war die Ausgangslage dieses Mal eine ganz andere.

1. Äußere Wiedervereinigung, innere Spaltung

Mit dem Zerfall des Sowjetimperiums hatte sich die Klammer gelöst, mit dem die Sowjetunion ihre Satellitenstaaten zusammengehalten hatte. Dabei war es auch in der Deutschen Demokratischen Republik zu Entwicklungen gekommen, die man lange für undenkbar gehalten hatte. Am 9. November 1989 ging in Berlin die „Mauer" auf, welche die im Gefolge des 2. Weltkriegs entstandenen „beiden deutschen Staaten" gewaltsam voneinander getrennt hatte. Nachdem die anstehenden Fragen mit einer enormen Kraftanstrengung und in höchster Eile geklärt worden waren, wurde am 3. Oktober 1990 die Wiedervereinigung gefeiert. Damit war die deutsche Einheit nach Jahrzehnten der Teilung wiedergewonnen. Gemessen an den Grenzen von 1937 war das Staatsgebiet zwar erheblich verkleinert: Ostpreußen, Schlesien, die verbliebenen Teile Westpreußens u.a.m. waren auf immer verloren. Noch dazu war die

40

Einheit nur zu erlangen gewesen, weil Deutschland bereit war, seine wiedergewonnene Souveränität eng in die Europäische Gemeinschaft einzubinden. Sichtbarer Ausdruck dessen war die Ablösung der Deutschen Mark durch die Europäische Währung Euro, die im Zusammenhang mit der Wiedervereinigung vereinbart und am 1. Januar 2002 mit der Bargeldumstellung vollendet wurde.

Manche hätten es lieber gesehen, wenn es bei der Zweistaatenlösung geblieben wäre, weil sie die DDR als Vorgriff auf eine Sozialisierung ganz Deutschlands gern aufrechterhalten hätten. Andere fühlten sich mittlerweile so sehr als Weltbürger, daß sie den Nationalstaat für überholt hielten und selbst die leisesten patriotischen Anwandlungen mit Mißtrauen beobachteten. Legitim war in ihren Augen nur ein „Verfassungspatriotismus", der mit der Bereitschaft zur Preisgabe jeder historischen, ethnischen und kulturellen Identität verbunden war. Die politische Linke hatte den Arbeiter als internationale Identifikationsfigur allmählich durch den „Ausländer" ersetzt. Wer vormals von einer klassenlosen Gesellschaft geträumt hatte, sah das Ziel des politischen Fortschritts nunmehr in der Auflösung ethnischer Geschlossenheit und der Umwandlung des Landes in eine multikulturelle Gesellschaft. Das fand seinen Ausdruck in einigen Sentenzen, die wegen ihrer Prägnanz über Jahre hinweg die Runde machten. Eine davon lautete: „Wir ... müssen dafür sorgen, so viele Ausländer wie möglich nach Deutschland zu holen.

Wenn sie in Deutschland sind, müssen wir für ihr Wahlrecht kämpfen. Wenn wir das erreicht haben, werden wir den Stimmenanteil haben, den wir brauchen, um diese Republik zu verändern.“[41]

Dieses auf die Errichtung einer nur noch dem Namen nach deutschen Republik gerichtete Denken war eine der Folgen der 68er Bewegung. Als Imad Karim, einer der Redner des „Neuen Festes“, 1977 ein Studium in Berlin begann und deutschen Kommilitonen begegnete, erschrak er, wie er sagte, „wie viele von ihnen ihr Land, Deutschland, haßten“.[42] Nach der Wiedervereinigung griff dieses Denken rasch um sich und fand Eingang in allen politisch relevanten Bereichen der Gesellschaft: in Parteien, Medien, Schulen und Hochschulen, Gewerkschaften, Kirchen usw. Sprachlich äußerte sich dieser Wandel auf zwei Ebenen. In gebildeteren Kreisen pries man das Land als „offene Gesellschaft“, man forderte, daß Deutschland „immer bunter“ werden müsse, man rühmte „Vielfalt“, „Diversität“ u.a.m. Der linke Mob auf den Straßen, der vor allem in Großstädten zu einer gewohnten Erscheinung wurde, übersetzte dies auf seine Weise mit Parolen wie: „Nie wieder Deutschland!“, „Deutschland verrecke!“, „I like Volkstod!“ usw. Wer nicht auf die eine oder andere Weise dabei mitzog, sondern sich gegen diese Richtung stellte, wurde aus der „anständigen“ Gesellschaft ausdefiniert und öffentlich stigmatisiert. Auf diese Weise wurde das deutsche Volk, kaum daß es wiedervereinigt war, langsam aber sicher von innen her erneut gespalten.

2. Das Staatsschiff gerät ins Schlingern

Zu all dem brach im neuen Jahrtausend eine Vielzahl von Krisen über Deutschland herein, die das Vertrauen auf die Politik und das Gemeinwesen tief erschütterten. Der überkommene Sozialstaat mußte empfindliche Einschnitte hinnehmen. Auf die unverhoffte Bankenkrise und die ihr folgende Eurokrise reagierte der Staat mit Maßnahmen, die eine schwere Hypothek für die Zukunft bildeten. Die Umsatzsteuererhöhung um nahezu ein Fünftel des zuletzt geltenden Betrags brachte eine schwere Belastung für Geringverdiener, die ihr Einkommen weitgehend für Ge- und Verbrauchsgüter ausgeben. Hinzu kam, daß der abrupte Ausstieg aus der Kernenergie eine beträchtliche Erhöhung der Energiepreise nach sich zog. Um die überschuldeten Staaten Südeuropas zu entlasten, wurden die Euro-Zinsen von der Europäischen Zentralbank dauerhaft auf Null gedrückt. Das führte nicht nur zu einer schleichenden Enteignung der Sparer, sondern brachte auch die privaten Renten- und Krankenversicherungen in Schwierigkeit, wodurch unter anderem die private Altersvorsorge vieler gefährdet wurde. Bei immer mehr Menschen verdichtete sich daher der Eindruck, daß die politischen Eliten nur noch „auf Sicht" fuhren, während die dabei in Kauf genommenen Risiken immer größer wurden.

All dies wurde übertroffen durch den Ansturm von Migranten im Jahr 2015. Bereits 2014 war die Zahl der Migranten nach Deutschland stark nach oben gegangen, ohne daß man Gegenmaßnahmen ergriffen hätte. Anfang September 2015 kam es zu einer Zuspitzung, welche die Bundeskanzlerin veranlaßte, die deutschen Grenzen ohne Limit auch für Unberechtigte zu öffnen. Mangels genauer Registrierung beruhen die angegebenen Zahlen zum Teil auf Schätzungen. Insgesamt dürften jedoch innerhalb weniger Monate weit mehr als eine Million Menschen, meist junge Männer aus fremden Kulturkreisen, nach Deutschland gekommen sein. Diejenigen, die eine multikulturelle Gesellschaft ohne Außengrenzen herbeisehnten, verfielen in einen wahren Freudentaumel. Andere jedoch sahen die Entwicklung mit Sorge und sträubten sich – um es mit Hegels Worten zu sagen –, den gebildeten Bau des Staates „in den Brei des Herzens, der Freundschaft und Begeisterung zusammenfließen zu lassen".[43] Auf eine unvoreingenommene Diskussion dieser Problematik war nicht zu hoffen. Rechtlich gesehen gab es zwar eine freie Presse, aber deren Vertreter hatten sich vielfach darauf verständigt, von dieser Freiheit im Interesse einer globalistischen „Volkserziehung" keinen Gebrauch zu machen. Wie schon bei den anderen genannten Themen betätigten sich die Medien auch hier als Sprachrohr des linksliberalen Mainstream und einer von den unteren Schichten abgehobenen linksintellektuellen Agenda.

44

3. *Rückbesinnung auf die Nation*

Bereits vorher schon, vor allem im Osten des Landes, dem Gebiet der früheren DDR, hatte sich immer mehr Unmut aufgestaut. Nach Auffassung vieler Ostdeutscher hatte man die Einheit nicht dazu erkämpft, um sie anschließend aller Welt zum Opfer zu bringen. Man hatte sich nicht jahrzehntelang nach Freiheit gesehnt, um sich in der freien Welt abermals den Mund verbieten zu lassen. Und schließlich hatte man die sozialistische Nomenklatura nicht auf den Abfallhaufen der Geschichte befördert, um sich erneut einer vom Volk abgehobenen Clique auszuliefern. Wie in den Endtagen der DDR kam es zu Montagsdemonstrationen mit Tausenden von Teilnehmern, dieses Mal jedoch nicht mit dem Ziel einer Öffnung der Grenzen nach außen hin, sondern gerade umgekehrt für deren Schließung gegenüber unerwünschten Immigranten. Die Medien, die sich im Laufe der Zeit von einem Mittel der Information immer mehr zu aktiven Meinungsmachern und Trendverstärkern des Zeitgeistes entwickelt hatten, schilderten diese außerparlamentarische Opposition in den düstersten Farben.

Eine andere Folge des Aufbegehrens gegen eine Politik, die vielen nicht mehr nachvollziehbar erschien, war die, daß 2013 in Berlin eine neue Partei, die „Alternative für Deutschland", gegründet wurde. Diese wandte sich vor allem gegen die fatale „Euro-Rettungspolitik" der Bundesregierung, machte später aber zunehmend auch die aus den Fugen geratene Migration zu ihrem Thema. Auch in diesem Fall fielen die Medien im Verein mit den etablierten Parteien über den neuen Gegner her, um ihn auf alle erdenkliche Weise niederzumachen. Man suchte nicht den Diskurs, sondern erklärte die Anhänger der Partei für diskursunfähig und -unwürdig, man bediente sich nicht sachlicher Argumente, sondern bevorzugte die persönliche Diffamierung, wohl wissend, daß dabei immer etwas hängenbleibt. Es kam zu einer in der Bundesrepublik so nie erlebten Eskalation des Unflats. Funktionäre der AfD wurden wie hysterisch als „Nazis" beschimpft, ihre Autos abgefackelt, ihre Häuser verunstaltet, einfache Mitglieder wurden öffentlich bloßgestellt und bei Nachbarn und Arbeitgebern denunziert. Veranstaltungen der Partei wurden mit allen Mitteln hintertrieben, Demonstrationen massiv gestört oder überhaupt verhindert, ohne daß es deswegen einen Aufschrei gab. Ja, man hatte den Eindruck, daß solche Gewaltaktionen von den Repräsentanten des politisch-medialen Systems mit klammheimlicher Freude verfolgt wurden, trafen sie doch die „Richtigen". Noch dazu verständigte man sich darauf, den Anhängern der neuen Partei nirgendwo ein Podium zu bieten, ihnen also keine Veranstaltungsräume zur Verfügung zu stellen, die Spalten der Journale und Magazine nicht zu öffnen, ihre Bücher nicht zu drucken und die von randständigen Verlagen gleichwohl gedruckten zu sekretieren.

Vielleicht wäre es unter anderen Umständen gelungen, die erste wirkliche Opposition seit langem mit vereinten Kräften niederzukartätschen. Aber die Grenzöffnung in Verbindung mit dem allzu offenkundigen Versuch, das Rede-, Versammlungs- und Vereinigungsrecht aller Andersdenkenden faktisch zu hintertreiben, bescherte der AfD immer mehr Zulauf. Bei den Landtagswahlen 2017 erhielt sie durchweg zweistellige Ergebnisse. Im September 2017 zog sie aus dem Stand mit 12,5 % der Stimmen in den Bundestag ein. Dort dauerte es fast ein halbes Jahr, bis die an sich gescheiterten bisherigen Koalitionspartner – Unionsparteien und Sozialdemokraten – eine neue Regierung gebildet hatten. Diese glaubte zunächst, im alten Stil weitermachen und die neue Opposition wie Parias behandeln zu können. Aber mittlerweile war die Zeit auch außerhalb des Parlaments nicht stehengeblieben.

Großbritannien hatte aus Protest gegen die von der EU verfolgte Politik den Austritt aus der Gemeinschaft erklärt. In einigen osteuropäischen Staaten – Ungarn, Tschechien, Slowakei und Polen – regte sich ebenfalls Widerstand gegen die europäische Multikulti- und Gleichschaltungspolitik. Man ließ durchblicken, daß man sich in der EU nach Jahrzehnten der Unterdrückung durch die Sowjetunion die Möglichkeit der Selbstfindung und Selbstbestimmung, nicht jedoch Multikulturalisierung und abermalige Bevormundung erhofft habe. Eine neue Qualität wurde auch dadurch erreicht, daß man an-

fing, Fragen zu stellen, die viele bislang kaum zu
denken gewagt hatten. Hatte man die Migrations-
ströme in der Vergangenheit meist als schicksalhaft
angesehen, so begann man jetzt nach Akteuren hinter den Kulissen zu forschen. Dabei stellte sich heraus, daß sich u.a. namhafte europäische Politiker wie
Peter Sutherland und Frans Timmermans unbemerkt
von der breiten Öffentlichkeit nachdrücklich für
eine Multikulturalisierung Europas ausgesprochen
hatten. Ebenso wurde man gewahr, daß einflußreiche „Nichtregierungsorganisationen", hinter denen
schwer reiche Geldgeber standen, auf verdeckten
Wegen eine ethnische Veränderung der Bevölkerung
herbeizuführen suchten. Alarmierend wirkte eine
Äußerung, die der Politikwissenschaftler Yascha
Mounk am 20. Februar 2018 in den Tagesthemen
machte. Dieser ließ sich nämlich dahin vernehmen,
„daß wir hier ein historisch einzigartiges Experiment wagen, und zwar eine monoethnische und mo-
nokulturelle Demokratie in eine multiethnische zu
verwandeln. Das kann klappen, das wird, glaube ich,
auch klappen. Dabei kommt es aber natürlich auch
zu vielen Verwerfungen." Zu guter Letzt fand sich
dann auch noch in der Koalitionsvereinbarung der
neuen Regierungsparteien der Hinweis darauf, daß
man die europäischen Beschlüsse zu Replacement
(Bevölkerungsaustausch) und Resettlement (Um-
siedlung) unterstützen werde.[44] Bei all dem konnte
es nicht ausbleiben, daß sich bei vielen der Verdacht
erhärtete, daß die Demokratie hinter den Kulissen
gesteuert werde mit dem Ziel, den Demos nach den

48

Vorstellungen meist unbekannter Drahtzieher umzugestalten. Zunehmend mehr Menschen fühlten sich als Versuchskaninchen eines Gesellschaftsexperiments, das alles in den Schatten zu stellen drohte, was aus der Geschichte bekannt war.

In den „sozialen Medien", die den Mainstream-Medien zunehmend Konkurrenz machten, begann man, von gezielter „Umvolkung" zu sprechen. Damit war keineswegs die ethnische Verschmelzung Europas gemeint, das vielen längst zum nächst weiteren Lebenskreis geworden war. Man fürchtete vielmehr die Überflutung Europas durch Migranten aus außereuropäischen Kulturen, wie sie von radikalen Vertretern des linken Spektrums ungescheut zum Ziel erklärt worden war. Damit wäre nicht nur die eigene Kultur, sondern auch die mühsam erkämpfte Lebensform der Demokratie zur Disposition gestellt worden. Denn eine Demokratie, die diesen Namen verdient, ist nur da möglich, wo sich Mehrheit und Minderheit bei allem Gegensatz noch als Teile eines Ganzen fühlen, nicht aber da, wo man im politischen Gegner primär den „Fremden" erblickt, der dieses Ganze prinzipiell ablehnt und durch eine Ordnung völlig anderen Zuschnitts ersetzen möchte.

VI. Das Hambacher Fest von 2018

Vor diesem Hintergrund rief Max Otte für den 5. Mai 2018 zu einem „Neuen Hambacher Fest" auf. Otte war Professor der Betriebswirtschaftslehre in Worms, knapp 40 Kilometer von Hambach entfernt, und erfolgreicher Fondsmanager. Obgleich langjähriges Mitglied der CDU, war er mit deren Politik in vielen Punkten nicht mehr einverstanden. Wie vorauszusehen, zog er mit seinem Aufruf bei den Vertretern des Mainstream harsche Kritik auf sich. Befragt, warum er dennoch in dieser Weise aktiv geworden sei, gab er zur Antwort: „Ich bin Patriot. Mir tut es weh, zu sehen, was mit unserem wunderschönen Land und was mit unserem Rechtsstaat passiert. Ich wollte ein kleines Zeichen setzen."[45]

1. Der äußere Ablauf

Mit der Wahl des Hambacher Schlosses als Tagungsort wurde unübersehbar an das Nationalfest von 1832 angeknüpft. Auch 2018 ging es den Veranstaltern und Teilnehmern um die Einheit und Freiheit Deutschlands, wenn auch, wie eingangs angedeutet, in einem etwas anderen Sinn als damals. Die nationale Einheit war bereits im 19. Jahrhundert errungen und die erneute Teilung mit der Wiedervereinigung überwunden worden. Man sorgte sich mittlerweile jedoch, daß die Nation von innen her aufgelöst würde. Die Wanderungsströme kulturfremder Migranten hatten vielen vor Augen geführt, daß man seine na-

50

tionale Einheit auch auf andere Weise verlieren kann als durch die Zersplitterung des Landes, nämlich durch die Multikulturalisierung seiner Bewohner. In deren Gefolge verschwindet das, was man einmal „Volk" genannt hat, allmählich von selbst und wird ersetzt durch eine „Bevölkerung", deren Mitglieder nur oberflächlich miteinander verbunden sind.

Was die politische Freiheit angeht, so lag zwar die Zeit der Fürstenherrschaft weit zurück. Aber viele hatten den Eindruck, daß sich erneut eine abgehobene Führungsschicht in Gestalt einer politisch-medialen Elite gebildet hatte, die unter dem Deckmantel formaler Demokratie nach der Meinung des Volkes so wenig fragte wie vormals der Adel. Obwohl es rechtlich gesehen keine Zensur gab, wurde nur das gedruckt, was sich in einem vorgegebenen Meinungsspektrum bewegte. Die großen Medien und die überwiegende Zahl der kleinen verbreiteten praktisch dieselben Nachrichten, der Grundton war überall der gleiche, die Absicht politischer Vereinnahmung mit Händen zu greifen. Dagegen anzugehen, war nicht leicht; denn die Political Correctness legte sich wie Mehltau über das Land und erstickte jedes offene Wort. Selbst im Verkehr mit Freunden und Bekannten sprach man politisch brisante Themen nicht mehr an, wenn man das Verhältnis nicht gefährden wollte. Allein in den sozialen Medien, meist im Schutz der Anonymität, wurde noch Klartext geredet. Aber die Politik fand Mittel und Wege, auch dies einzuschränken: Sie gab den

Netzwerkanbietern unter hohen Strafandrohungen auf, unerwünschte Beiträge zu löschen. Auf diese Weise wurde das, was von seiten der öffentlichen Hand verbotene Zensur gewesen wäre, auf Private übertragen, an die sich das Zensurverbot nicht richtete. Das Ergebnis war freilich dasselbe, weshalb man zynisch bemerkte: Es gibt keine Zensur, aber sie wirkt.

Die Aussicht, sich mit Gleichgesinnten auszutauschen, hätte auch im Jahr 2018 einige tausend Menschen mobilisieren können. Aber die Stiftung, die das Hambacher Schloß verwaltet, machte zur Auflage, daß nur etwa 1000 Einladungen ausgesprochen wurden. Infolgedessen blieb alles in einem überschaubaren Rahmen. Die Karten waren schon nach kurzer Zeit ausverkauft. Am frühen Morgen des 5. Mai wanderten die sportlicheren Teilnehmer wie ihre Vorgänger mit schwarz-rot-goldenen Fahnen zur „Käschteburg" hinauf. Im Veranstaltungssaal des Schlosses wurden nach dem Absingen der Nationalhymne die angekündigten Reden gehalten und die offizielle Tagung mit der Nationalhymne geschlossen. Am Abend ging es für viele zum „gemütlicheren" Teil über. Denn ein Festessen war auch dieses Mal vorgesehen. Darunter geht es in der Pfalz nicht.

Im Vorfeld hatte man mit erheblichen Störungen gerechnet. Die Hambach-Gesellschaft und die Siebenpfeiffer-Stiftung hatten zeitgeistkonform eine gemeinsame Presseerklärung herausgegeben, mit der sie gegen die Vereinnahmung des Festes von 1832 durch die Veranstalter protestierten. Linke Krawallmacher hatten angekündigt, mit circa 600 Mann „Protestaktionen" vorzunehmen. Das ließ nach allen Erfahrungen Schlimmes erwarten. Aus diesem Grund war vorsorglich viel Polizei vor Ort. Es ließen sich dann aber nur wenige Rabauken sehen, und diese hatten außer den üblichen Phrasen nichts zu bieten. Auf dem Weg zum Schloß waren beleidigende Sprüche auf den Asphalt gesprüht worden. Ein Bauer, der offenbar jenem Menschenschlag angehörte, dessentwegen gebildete Pfälzer gewöhnlich das Weite suchen, hatte Gülle auf die Straße geschüttet und besprühte die Vorbeigehenden mit Wasser, bis die Polizei einschritt. Es gab in der Folge kaum einen Pressebericht, in dem dies nicht erwähnt worden wäre. Man spürte förmlich, daß die Schreiber sich gerne mehr Aktionen dieser Art gewünscht hätten.

Auch sonst entsprach die Berichterstattung der Medien großenteils dem, was von dieser Seite zu erwarten war: Häme, Spott, Überheblichkeit und Invektiven. Der Politologe Herfried Münkler, der an sich nicht als Scharfmacher bekannt war, machte den Veranstaltern im Mannheimer Morgen zum Vorwurf, sie spielten „mit dem Feuer". Was „so bieder daherkomm[e ..., sei] ein Akt der Eskalation, der auf das politische Selbstverständnis der Republik ziel[e]". Die „sich als rechtskonservativ gebenden

Initiatoren" zeigten damit, „daß ihnen die Grundlagen der bestehenden Ordnung gleichgültig" seien. Mit drei Sätzen wurden hier aus bürgerlichen Patrioten veritable Verfassungsfeinde gemacht. Um einen Rat, wie man ihnen den Wind aus den Segeln nehmen könne, war Münkler ebenfalls nicht verlegen: „Die beste Gegenstrategie besteht darin, die Rechtskonservativen bei ihrer patriotischen Wanderung allein zu lassen und künftig die Symbole der demokratischen Identität selbst wieder stärker zu hegen und zu pflegen – etwa dadurch, daß man die nächsten Jahrestage des Hambacher Festes mit eigenen Veranstaltungen belegt ...."[46] Tatsächlich beschränkten sich die meisten Berichte auf einige dürftige Bemerkungen, als ob die Sache keiner größeren Aufmerksamkeit wert sei. So gut wie alle ließen durchblicken, daß sich hier einige Ewiggestrige versammelt hätten, die abstrusen Ideen nachhingen. Wer nur das mitbekam, was ihm die Medien boten, mußte unweigerlich den Eindruck gewinnen, daß sich die „neuen Hambacher" zu Unrecht auf das Fest von 1832 bezogen, ja, daß diese Bezugnahme geradezu ein Mißbrauch sei. Das erste Hambacher Fest wurde als nationaler Mythos vorausgesetzt, das zweite dagegen mit der gleichen Selbstverständlichkeit in den Schmutz gezogen.

In seiner Eröffnungsansprache gab *Otte* mit schlichten Worten die Erwiderung auf alles, was in den Print- und Telemedien über diese Veranstaltung gesagt und was verschwiegen wurde. Die Anknüp-

54

fung an das Vorgängerfest von 1832 ergab sich für ihn ganz einfach daraus, daß die aktuellen Sorgen der heutigen Teilnehmer denen ihrer Vorgänger überaus ähnlich waren: „Wir teilen viele Sorgen, Sorgen um unser Vaterland, Sorgen um den Verfall von Demokratie und Rechtsstaat, Sorgen um die Meinungsfreiheit. Unser oftmals selbstreferentielles politisches System ist nicht mehr ganz so weit weg von der Fürstenherrschaft, welche die Bürger auf dem Hambacher Fest 1832 beklagten. Und wir haben wieder zensurähnliche Zustände in unserem Land, die denen von 1832 zumindest teilweise ähneln, wenn auch die Mechanismen andere sind."

Von Kommentatoren, die sich selbst nicht überwinden konnten, Worte wie Volk, Vaterland, Nation oder Volksherrschaft über die Lippen zu bringen, war den Veranstaltern das Recht bestritten worden, sich auf das Fest von 1832 zu berufen. Otte erlaubte sich daher den Spaß, einige Passagen aus der Rede Siebenpfeiffers vorzulesen. Vieles davon schien wie auf die Gegenwart gemünzt zu sein und erregte daher Erstaunen und Heiterkeit. Immer wieder wurden die Zitate durch Beifall unterbrochen, so unter anderem als Siebenpfeiffer mit den Worten angeführt wurde: „Die Erforschung dessen, was dem Vaterlande nottut, ist Hochverrat. Selbst der leiseste Wunsch, nur erst wieder ein Vaterland, eine freie menschliche Heimat wieder zu erstreben, ist Verbrechen." Die Versammelten litten spürbar an der Unterdrückung ähnlicher Gefühle wie ihre Vorgänger im Vormärz und fühlten sich erleichtert, daß sie damit auch in historischer Perspektive nicht allein standen. Otte konnte sich daher des allgemeinen Beifalls sicher sein, als er mit den Worten schloß: „Ich stelle fest: wir halten uns an das Original. Kann es sein, daß viele andere die Geschichte uminterpretieren wollen? Ich stelle fest: wir sind Hambach! Holen wir uns das Hambacher Fest dahin, wo es hingehört, als Protestveranstaltung gegen die Obrigkeit, als Fest der Freiheit und als Nationalfest der Deutschen!"

Im Anschluß an Otte kamen am Vormittag noch drei weitere Redner zu Wort: der frühere SPD-Politiker und Erfolgsautor Thilo Sarrazin, der libanesisch-deutsche Regisseur und Fernsehjournalist Imad Karim und der Wirtschaftswissenschaftler Prof. Joachim Starbatty. Nach der Mittagspause sprachen die Bürgerrechtlerin und frühere CDU-Politikerin Vera Lengsfeld, der Finanzexperte Markus Krall, der Wirtschaftsprofessor und Bundessprecher der AfD Jörg Meuthen und zuletzt Willy Wimmer, langjähriges Mitglied des Bundestages für die CDU und ehemaliger parlamentarischer Staatssekretär beim Bundesverteidigungsministerium. Einen Überblick über die angesprochenen Fragen und die dazu geäußerten Meinungen gewinnt man am besten dann, wenn man die Redebeiträge nach thematischen Schwerpunkten ordnet.

2. Kritik der kulturellen Überfremdung

Das wichtigste Thema der Redner war die Masseneinwanderung aus dem islamischen Kulturkreis nach Deutschland und Europa und die dadurch heraufbeschworene Gefahr der Überfremdung durch eine Kultur, die zur europäischen Aufklärung keinen Bezug hat. *Thilo Sarrazin*[47] kam ohne viel Umschweife zur Sache und stellte klar, daß die Massenimmigration kein blindes Schicksal, sondern von vielen ausdrücklich gewollt sei. Die dadurch drohenden Verwerfungen seien „das zentrale Thema Deutschlands und Europas in unserer Zeit. Damit verglichen verbla[sse] alles andere." Und noch einmal zum Mitschreiben: „In der Frage der Einwanderung und des Umgangs mit dem Islam geht es um die ethnische, kulturelle und gesellschaftliche Zukunft Deutschlands und Europas, da darf man sich nicht feige zurückhalten."

Mit wenigen Sätzen strich Sarrazin heraus, was mittlerweile anders war als 1832: Damals sei Deutschland jung und geburtenreich gewesen und die meisten Deutschen ziemlich arm, einen Sozialstaat habe es nicht gegeben. Deshalb sei kaum jemand auf die Idee gekommen, nach Deutschland einzuwandern. Wohl aber seien im 19. Jahrhundert sechs Millionen Deutsche in die USA ausgewandert. Heute sei es umgekehrt: Deutschland sei alt und geburtenarm, aber die meisten Deutschen relativ wohlhabend, und der deutsche Sozialstaat das Sehnsuchtsziel von Millionen Auswanderungswilligen überall auf der Welt. Die Freiheit des wirtschaftlichen Verkehrs, die damals durch Zollvereine vorbereitet wurde, sei heute nicht nur in Deutschland, sondern in der ganzen Europäischen Union sichergestellt. Wer heute von Grenzen spreche, meine daher „die Außengrenzen Deutschlands, der Europäischen Union, ganz Europas oder der westlichen Welt", und es gehe derzeit „nicht um ihre Niederreißung, sondern um ihren Schutz vor unerwünschter Einwanderung".

Den hochfliegenden Vorstellungen derer, die jeden Migranten zum Flüchtling erklärten und alle Flüchtlinge aus reiner Menschenliebe unbesehen ins Land lassen wollten, trat Sarrazin mit nüchternen Überlegungen entgegen. Er erinnerte an die Bevölkerungsvermehrung von jährlich circa 45 Millionen Menschen in den islamischen Ländern Afrikas und Asiens und appellierte an den gesunden Menschenverstand: „Für jeden, der denken und rechnen kann, ist ganz klar: Migrationszahlen, die Deutschland und Europa verkraften könnten, mindern den demographischen Druck in Afrika und dem Nahen und Mittleren Osten nicht. Wenn Masseneinwanderung aus Afrika und dem Nahen Osten nicht konsequent unterbunden wird, dann werden die Völker Europas schnell und unwiderruflich zur Minderheit im eigenen Land. Das möchte ich weder in ethnischer noch kultureller oder religiöser Hinsicht."

In seinem bereits 2010 erschienenen Bestseller „Deutschland schafft sich ab" hatte Sarrazin diese Thematik näher ausgeführt und mit detaillierten Zahlen untermauert. Allen war bekannt, was er deswegen hatte einstecken müssen. Er brauchte daher nicht viele Worte zu machen, sondern konnte sich mit einer Andeutung begnügen: „Wer das so klar sagt, wie ich das eben getan habe, wird von großen Teilen der Medien, aber auch im politischen Raum, unter den Generalverdacht ‚rechten' Denkens gestellt. Wenn nicht gar Schlimmeres." 1832 hätten die Männer und Frauen Mut bewiesen, als sie für Demokratie und Fortschritt und gegen den absterbenden Absolutismus stritten. Zum Glück werde heute in Deutschland niemand mehr ins Gefängnis geworfen oder aus dem Lande verbannt, weil er Kritisches sage oder schreibe. Aber er brauche auch jetzt noch „den Mut, sich einem dominierenden vermeintlichen Zeitgeist zu entziehen, sich unbeliebt zu machen, sich öffentlich beschimpfen zu lassen und dabei gleichzeitig der Gefahr zu entgehen, zu verbittern, zu vereinzeln oder sich sonstwie zu radikalisieren." Eben hierin, in der Notwendigkeit, den etablierten Kräften entgegenzutreten, sah Sarrazin „die eigentliche Parallele zur Zeit des Vormärz in Deutschland und Europa vor 200 Jahren." Auch damals hätten die herrschenden Mächte nicht erkannt, daß ihre Zeit vorbei war, während all jene, die die innerdeutschen Grenzen niederreißen wollten, auf der Seite des Fortschritts gestanden hätten. Heute dagegen stünden das Establishment in Politik und

Gesellschaft gemeinsam mit dem linksstehenden Medien-Mainstream im Dienste einer universalistischen Agenda, die den Charakter Deutschlands und Europas durch kulturfremde Einwanderung unwiderruflich verändere.

Das dürfte für die meisten der Versammelten der Punkt gewesen sein, von dem aus sich unschwer eine Brücke zu den früheren Hambachern schlagen ließ: Damals war die politische Elite gegen die im Interesse Deutschlands gebotenen Änderungen; heute dagegen hatte sie Änderungen ins Visier genommen, die dem Land schwer schaden konnten. Damals waren (innerdeutsche) Grenzen in Hindernis, weil sie der nationalen Selbstfindung entgegenstanden; heute war die unkontrollierte Öffnung der Außengrenzen eine Gefahr, die nicht nur die deutsche Nation, sondern ganz Europa innerlich aufzulösen drohte. In der ihm eigenen unmißverständlichen Diktion führte Sarrazin aus: „Wenn wir unsere Kultur, unseren Lebensstil und unsere Eigenart als Nationen in Europa bewahren wollen, müssen wir kulturfremde Einwanderung wirksam kontrollieren und weitestgehend unterbinden. Rein moralisch haben wir dazu jedes Recht." Anders als manche behaupteten, hätten wir unsere Kultur und Zivilisation, die Leistungen in Kunst und Wissenschaft und unseren Wohlstand nämlich nicht durch Diebstahl an den Völkern Afrikas und des Nahen und Mittleren Ostens erlangt. Die Länder Ostasiens zeigten vielmehr, daß der Weg zu Fortschritt und Wohlstand grundsätzlich jedem

Volk und jeder Gesellschaft offenstehe, wenn entsprechende Leistungen vollbracht würden.

Auf das Argument, daß kollektive Selbsterhaltung legitim sei, nationale Selbstaufgabe also keineswegs das Gebot der Stunde sei, kam in der Folge auch *Jörg Meuthen* zu sprechen.[48] Nach einigen Seitenhieben gegen das in Gang befindliche Gesellschaftsexperiment und die schleichende Islamisierung des Landes führte er aus: „Dies hier ist christlich-abendländische Kultur, die unser Zusammenleben prägt, ganz gleich ob wir religiös leben, denken und fühlen oder nicht. In dieser Kultur sind wir zu Hause, und es ist unser gutes Recht, diese Kultur gegen Übernahmeversuche anderer Kulturen zu verteidigen, weil wir den Wunsch haben, daß unsere Nachkommen in dieser unserer Kultur, die wir lieben, die wir Heimat nennen, werden leben können wie wir selbst es konnten. Das ist legitim, es ist letztlich einfach nur völlig normal, und es ist ganz gewiß nicht islamophob, rassistisch oder fremdenfeindlich, wie man uns in Permanenz einzureden versucht." Maßgeblich sei hier die Perspektive derer, die „wissen wollen, ob und wenn ja, wie unsere Kinder und Enkel in unserer Heimat in Zukunft werden leben können". Auf Kosten anderer ließen sich leicht Gesellschaftsexperimente veranstalten, auf Kosten der eigenen Kinder niemals. Der dem deutschen Volk verordnete Multikulturalismus sei der ideologische Grundirrtum des 21. Jahrhunderts und schicke sich an, „Verwüstungen anzurichten..., wie es das Experiment des Kommunismus bzw. Sozialismus in seinen vielen verschiedenen allesamt katastrophalen und in ihren Ergebnissen zutiefst inhumanen Spielarten und Variationen im 20. Jahrhundert bereits angerichtet hat". Meuthen erinnerte an den „Kampf der Kulturen", wie er von Huntington vorhergesagt worden war: „Wir steuern heute nicht mehr durch Kriege zwischen Nationen, sondern durch furchtbare und nicht minder gewaltsame Auseinandersetzungen im Inneren auf genau jenen ,clash of civilizations' zu, den Samuel Huntington bereits 1993 angekündigt hat. Man muß gar nicht einmal sehr genau hinsehen, um festzustellen, daß genau der längst begonnen hat." Das war der Kontrapunkt zu der von vielen Seiten her betriebenen Multikulturalisierung, die in der von der Bundesregierung, den Parteien, Medien, Gewerkschaften und Kirchen propagierten „Willkommenskultur" einen karnevalesken Ausdruck fand.

Auch *Imad Karim*, ein Autor und Filmemacher libanesischer Herkunft, spielte diese Karte aus, wenn er der Vermutung Raum gab, „daß gerade die unkontrollierte muslimische Massenzuwanderung unsere offene Gesellschaft gefährdet und womöglich einen in den letzten siebzig Jahren noch nie dagewesenen Rassismus entfachen könnte". Für seine Kritik berief er sich auf ein Eigeninteresse: „Ich habe nämlich drei Kinder... Ich möchte nicht, daß sie oder ihre Kinder sich eines Tages rechtfertigen müssen, daß sie ein Teil Deutschlands sind. Deshalb stehe ich heute hier.“[49]

Doch zurück zu *Sarrazin*. Während dieser bei anderen Gelegenheiten vor allem mit Zahlen, Kosten und ökonomischen Zusammenhängen zu argumentieren pflegte, erklärte er es in Hambach für „ganz falsch ..., das Thema der Einwanderung auf seine wirtschaftlichen Aspekte zu reduzieren“, und lenkte den Blick auf die absehbaren Folgen für die europäische Identität. Einen wirtschaftlichen Nutzen brächten die Zuwanderer aus Asylländern, von denen nur 20 Prozent einer bezahlten Arbeit nachgingen, ohnehin nicht. Was ihm mehr Sorgen bereite, seien die langfristigen gesellschaftlichen Kosten dieser Art von Einwanderung in eine alternde, kinderarme Gesellschaft und außerdem die dadurch heraufbeschworene Gefahr für die europäische Integration. Die Gefährdung des gesamtgesellschaftlichen Zusammenhangs war ein Thema, um das die Mainstream-Medien ebenfalls einen weiten Bogen machten: Die Europäische Union war zwar, wie vielfach betont wurde, eine Rechtsgemeinschaft; in der Sache jedoch beruhte sie auf einer kulturellen Gemeinsamkeit, die auf den Hügeln von Athen, Rom und Golgatha erwachsenen war. Diese ungeschriebene Grundlage aller bisherigen Europapolitik wurde durch die Massenimmigration aus außereuropäischen Kulturen geradezu zwangsläufig in Frage gestellt.

„Wenn Europa scheitert", schloß Sarrazin seine Ausführungen, „wird es nicht an der Währung scheitern, nicht am Wettbewerb und auch nicht am Klimawandel. Es wird an der Einwanderungspolitik scheitern. Entweder schafft es Europa gemeinsam, unsere Grenzen zu schützen, illegale Einwanderung zu unterbinden und die illegal Eingewanderten wieder in ihre Herkunftsländer zu schaffen, oder die [europäische] Integration wird rückwärts gehen und der wirksame Schutz nationaler Grenzen wird wieder an Bedeutung gewinnen. Wer in Europa keine Zäune will, muß sich für den großen Zaun an Europas Grenzen und die konsequente Verhinderung illegaler Einwanderung einsetzen. Das ist die zentrale Zukunftsfrage, die für Europa und auch für Deutschland alles entscheidet. Es ist übrigens auch die Zukunftsfrage für unsere europäische Lebensart, Kultur und Zivilisation."

Vera Lengsfeld, die frühere Bürgerrechtlerin in den Endtagen der DDR, wandte sich der Frage zu, wie sehr die Masseneinwanderung Deutschland bereits konkret verändert habe[50]: Keine öffentliche Veranstaltung finde mehr ohne aufwendige Sicherungsmaßnahmen statt, Frauen werde von der Polizei geraten, nicht mehr allein zu joggen oder bei Dunkelheit nicht mehr ohne männliche Begleitung auf die Straße zu gehen; Wohnungen und Einfamilienhäuser glichen inzwischen Festungen; vor jüdischen Einrichtungen sei bewaffneter Wachschutz erforderlich – all dies sei inzwischen Alltag in Deutschland.

64

Verantwortlich hierfür sei die seit Jahren betriebene Politik. Zum Beleg machte sie auf einen Abschnitt des Regierungsprogramms der CDU/CSU im letzten Bundestagswahlkampf aufmerksam, wonach Deutschland seinen humanitären Verpflichtungen durch „Resettlement" und „Relocation" nachkommen werde.[51] Damit wurde auf eine dem Bürger kaum verständliche Weise auf die in der Öffentlichkeit weitgehend unbekannten Umsiedlungsprogramme der UNO und der EU Bezug genommen. Nicht einmal die Wahlkämpfer vor Ort, legte Frau Lengsfeld dar, hätten gewußt, was damit gemeint war: „Keiner der befragten Bundestagskandidaten konnte sagen, was Resettlement und Relocation bedeutet." Vor kurzem erst habe der EU-Flüchtlingskommissar bekanntgegeben, daß Deutschland „im Rahmen eines EU-Umsiedlungsprogramms" mehr als 10.000 Menschen aus Nordafrika und dem Nahen Osten angesiedelt würden.[52] „Ein solches Umsiedlungsprogramm ist bisher vor der Bevölkerung geheim gehalten worden, geschweige denn, daß es jemals diskutiert oder gar demokratisch beschlossen worden wäre... Wie der Plan von EU und Kanzlerin Merkel für das nächste Jahr aussieht, wird uns noch nicht verraten. Aber aus sozialistischen Zeiten wissen wir, daß jeder Plan immer übererfüllt werden muß. Wir können uns also auf wachsende ‚Umsiedlungszahlen' einrichten. Es wird höchste Zeit, sich mit den UNO- und EU-Umsiedlungsplänen zu beschäftigen." Damit stand der Verdacht einer gezielten Umvolkung im Raum, wie denn auch *Markus*

Krall gleich im Anschluß daran von einer „Politik der bewußt gesteuerten Völkerwanderung" sprach.[53] Verglichen mit Bert Brechts ironischem Ratschlag an die Regierung der DDR, das Volk aufzulösen und ein anderes zu wählen, wurde hier ein ganz neuer Anwendungsfall ins Spiel gebracht.

3. Abbau des Rechtsstaats und Verlust bürgerlicher Freiheiten

Im Mittelpunkt von Lengsfelds Rede stand jedoch die Erosion des Rechtsstaats und der bürgerlichen Freiheiten. Beides hatte sie in der DDR in reichem Maße erleben dürfen, und dies hatte ihr Gespür für diese Dinge geschärft. Ihre Antwort auf die Frage nach dem Grund für den Niedergang des demokratischen Rechtsstaats hätte von Thomas Hobbes, dem Kenner menschlicher Niederträchtigkeit, selbst sein können. Ähnlich wie dieser verwies sie nämlich auf die unbezähmbare Herrschsucht der politischen Eliten und ihrer Helfer. Zwar befinde man sich nicht in der gleichen Lage wie die Liberalen im Jahr 1832; denn man habe im Grunde alles, was diese damals forderten: Demokratie, Pressefreiheit, Meinungsfreiheit, Reisefreiheit, eine Verfassung, freie und geheime Wahlen sowie Wohlstand für alle. Aber man müsse mittlerweile ein „Noch" hinzufügen; denn diejenigen, die von der Sucht getrieben würden, andere zu beherrschen, seien gerade dabei, diese Grundlagen in materieller wie in kultureller Hinsicht nachhaltig zu zerstören.

Das gelte zunächst für die Meinungsfreiheit. Rechtlich gesehen dürfe jeder seine Meinung frei äußern, faktisch jedoch werde die Meinungsfreiheit auf vielfältige Weise untergraben. Frau Lengsfeld berichtete von Netzwerkaktivisten, die versuchten, sich durch Täuschung das Vertrauen zu erschleichen, um an Informationen heranzukommen, die sie zum Nachteil des anderen verwenden könnten. „Das kenne ich nur zu gut. Die Staatssicherheit [der DDR] nannte solche Fake-Identitäten ‚Inoffizielle Mitarbeiter‘.“ In dieser Beziehung wußte Frau Lengsfeld in der Tat, wovon sie sprach: In der DDR waren dem Vernehmen nach 49 inoffizielle Mitarbeiter (IM) auf sie angesetzt gewesen; einer davon war, wie sich später herausstellte, ihr eigener Ehemann. Aufgrund ihrer Erfahrungen im „real existierenden Sozialismus“ erkannte sie auch schnell, was im vereinigten Deutschland anders war: „Das Innovative an den Netz IM [Informellen Mitarbeitern] ist, daß sie im eigenen Auftrag unterwegs sind.“ Mit anderen Worten: die Blockwarte und Denunzianten der Nachwende-Demokratie ernennen sich selbst, betreiben „Zersetzungsarbeit“ in privater Regie und machen damit staatliche Aufträge überflüssig. Ja, sie gieren förmlich danach, ihre politisch nicht konformen Mitbürger ans Messer zu liefern, und finden darin geradezu den Sinn ihres Lebens.

Worauf dieses Treiben hinausläuft, faßte *Markus Krall* so zusammen: „Die Freiheit wird unterhöhlt von den Wegbereitern des totalitären Überwachungsstaates, die uns einreden wollen, daß die Demokratie die Abschaffung der Privatsphäre überleben könnte. In Wahrheit errichten sie die Infrastruktur der Tyrannei, weil sie hoffen, so in der kommenden Krise und Auseinandersetzung die Kontrolle behalten zu können... Das Netzwerkdurchsetzungsgesetz ..., verabschiedet am 30. Juni 2017 mit einer Anwesenheitsquote von nicht einmal zehn Prozent der Abgeordneten, markiert aus diesem Grund ein Datum der Schande.“

Frau *Lengsfeld* wußte jedoch noch von anderen Methoden zu berichten, um kritischen Bürgern den Mund zu stopfen: Vor kurzem hatte sie eine gegen die illegale Masseneinwanderung gerichtete gemeinsame Erklärung veröffentlicht, deren Unterzeichner sich für die Wiederherstellung der rechtsstaatlichen Ordnung an den Grenzen unseres Landes aussprechen sollten.[54] Wie sie ausführte, wurde daraufhin „in der taz“, einer linksgerichteten Zeitung, „in einem Kommentar gefordert, daß Leute wie die Unterzeichner der Erklärung so angeprangert werden müßten, daß sie sich nicht mehr zum Bäcker trauen können. Tatsächlich“, so fuhr sie fort, „wird von linken und keineswegs nur von linksradikalen Gruppen immer mal wieder gefordert, diesem oder jenem Andersdenkenden kein Podium zu bieten, keinen Raum zu vermieten, kein Obdach zu gewähren, kein Essen und kein Bier zu servieren. Wirten, die sich diesen Vorgaben nicht beugen wollten, wurden schon mitten unter uns in Deutschland in den Ruin getrieben

68

– und kaum einer hat es gemerkt. Das erinnert an die dunkelsten Zeiten unserer Geschichte ...“ Da alle diese Aktionen ausschließlich gegen „Rechts“ gerichtet waren, betonte Frau Lengsfeld mit Nachdruck, daß es in einer Demokratie normalerweise nicht nur eine demokratische Linke, sondern auch eine demokratische Rechte gebe. In Deutschland sei diese Ballance derzeit außer Kraft gesetzt, weil Politik und veröffentlichte Meinung alles anprangern würden, was dem linken Mainstream widerspricht. „Es gibt keine Debatten mehr, kein Austausch und Abwägen unterschiedlicher Argumente. Das ist Gift für eine funktionierende Demokratie. Das heutige Deutschland wird einer Gesinnungsdiktatur immer ähnlicher. Wir wollen diese Schieflage wieder ins Lot bringen und fordern deshalb die Rückkehr der politischen Debatte.“

Ähnlichen Bedrohungen wie die Meinungsfreiheit war nach Lengsfeld auch die Demonstrationsfreiheit ausgesetzt. Zwar sei auch diese grundgesetzlich verbürgt. Aber sobald sich eine Demonstration gegen die „politisch-korrekten“ Meinungsvorgaben aus Politik und Mainstream-Medien wende, werde sie durch das übliche breite Bündnis aus SPD, Gewerkschaftern, Linken, Grünen und „Antifanten“ niedergebrüllt. An der illegalen Blockade des Berliner Frauenmarsches gegen (Migranten-)Gewalt, der den Befürwortern „offener Grenzen für jedermann“ ein Dorn im Auge war, hätten sich sogar Abgeordnete des Deutschen Bundestages und des Berliner Abgeordnetenhauses beteiligt.

„Wir sind hier", rief sie aus, „weil wir unser
Land, unsere emanzipatorischen Errungenschaften,
den Rechtsstaat und das Grundgesetz nicht kampf-
los der Demontage überlassen wollen." Auf die Unterstützung durch Hochschullehrer sei dabei leider
nicht zu hoffen. Sarkastisch zitierte sie einen Vers
des DDR-Liedermachers Wolf Biermann: „Ach, die
deutschen Professor'n, ...die manches besser wüß-
ten, wenn sie nicht auch fressen müßten." Ebenso
wenig könne man auf die Politik hoffen. Die ehe-
mals emanzipatorische Linke habe schon vor Zeiten
zutreffend erkannt: „Uns aus dem Elend zu erlösen,
können wir nur selber tun." Daher schloß sie ihre
Rede mit den Worten: „Wir werden den Druck aufrechterhalten, bis es endlich eine politische Debatte
über die Einwanderung gibt, die diesen Namen verdient. Wir werden Druck machen, bis die Politiker
begreifen, daß sie nicht über die Köpfe der Bürger
hinweg schicksalhafte Entscheidungen über die Zukunft unseres Landes treffen können. Über unsere
Zukunft wollen und werden wir selbst entscheiden!"

4. Verfehlte Wirtschaftspolitik

Wenn Vera Lengsfeld die Erosion des Rechtsstaats und der Demokratie im Innern beklagte, so
machte *Joachim Starbatty*[55] deutlich, welche Aus-
wirkungen die Abgabe währungs- und geldpoliti-
scher Souveränität an Brüssel auf das europäische
Einigungswerk und die Verfassung in den Euro-Staa-
ten haben werde. Von den Werten der französischen

70

Revolution – liberté, egalité und fraternité – werde
dabei nicht viel übrig bleiben. Infolge der 2010 ein-
geführten Haftungsgemeinschaft hafteten die Nationen nicht mehr für ihre Entscheidungen. Wer jedoch
nicht hafte, sei nicht mehr frei, sondern müsse das
ausführen, was andere ihm vorschreiben. So müsse Griechenland heute das tun, was die sogenannte
Troika (ein Dreigespann aus Europäischer Zentralbank, Internationalem Währungsfond und Europäischer Kommission) verlange. Ein Land könne einem
anderen nur dann gleichberechtigt begegnen, wenn
es von diesem unabhängig sei, nicht jedoch, wenn es
ihm dankbar sein müsse, daß es regelmäßig Kredite
erhalte. Mit der von der Europäischen Zentralbank
verfolgten Politik der niedrigen Zinsen habe die Ver-
schuldung überhand genommen. Wo unterschiedliche Entwicklungen nicht über das Ventil von Wech-
selkursen ausgeglichen werden könnten, bleibe
nur der Weg über die Arbeitsmärkte. Die Folge der
Niedrigzinspolitik sei daher ein Anstieg der Arbeits-
losigkeit in Griechenland. Die Menschen überlegten
sich derzeit, wohin sie auswandern, in die USA oder
nach Deutschland. „Das ist doch nicht ein Land der
Brüderlichkeit“, rief Starbatty aus, „wo die jungen
Leute gezwungen sind, auszuwandern, weil man an
einer falsch konstruierten Währungsunion festhalten
will.“

Starbatty sah daher auch in der Währungspolitik
eine Gefahr für den Zusammenhalt Europas. Infolge der Ankaufs- und Zinspolitik der Europäischen

Zentralbank würden die Sparer geschröpft, die Betriebsrenten seien unsicher, der Lebensabend vieler sei durch die Nullzinspolitik in Gefahr. „Wir gehen den Weg in die Haftungsgemeinschaft, und das wird teurer als sich jeder vorstellen kann... Und wenn dieser Weg gegangen wird, dann wird auch das europäische Aufbauwerk zerstört."

Rhetorisch eindringlicher noch beschwor *Markus Krall* die negativen Konsequenzen einer planwirtschaftlich inspirierten Wirtschafts- und Geldpolitik für die Freiheit und das europäische Aufbauwerk. Die verfehlte Geldpolitik werde „das Funktionieren unserer Volkswirtschaft in einer epochalen Krise aus den Angeln heben", warnte er. Der Zusammenbruch des bisher praktizierten Systems sei vorprogrammiert. In diesem Fall werde nicht mehr genug Geld da sein, um die Banken zu retten. „Ein deflationärer Schock nach dem Muster von 1929 wird die Folge sein, und dieses Ereignis wird das Ende des Euro einläuten. Er wird auch alle andern vermeintlich so festgefügten Institutionen mit sich in den Abgrund reißen." Eine der vielen vereinfachenden Parolen der Bundeskanzlerin lautet bekanntlich: Scheitert der Euro, dann scheitert Europa. Krall gab darauf die von vielen erwartete Antwort: Wird der Euro mit Hilfe einer verfehlten Geld- und Wirtschaftspolitik am Leben erhalten, dann scheitert Europa erst recht, und zwar nicht nur das Projekt einer Währungsunion, sondern das ganze Unternehmen überhaupt. Und das nicht etwa infolge irgendwelcher Beschwörungsformeln, sondern wegen der Interdependenz der Ordnungen: Ein Kollaps des Wirtschafts- und Währungssystems läßt das damit verknüpfte politische System nicht unberührt.

5. Grenzen der Wirksamkeit des Staates

Jörg Meuthen sprach noch einen anderen Gesichtspunkt an, der im vorherrschenden Klima der allgemeinen Staatsgläubigkeit den meisten bereits fremd geworden war. Er warf nämlich die Humboldt'sche Frage nach den Grenzen der Wirksamkeit des Staates auf. Ein funktionierender Staat, so legte er dar, sei immer ein schlanker Staat, der sich auf seine wichtigsten Aufgaben beschränke: auf die innere und äußere Sicherheit, die Bereitstellung einer öffentlichen Netz- und Bildungsinfrastruktur, die Schaffung einer allgemein verbindlichen Rechtsordnung und die Gewährleistung des Existenzminimums für diejenigen, die zur Selbsterhaltung nicht in der Lage sind. Im Gegensatz dazu sei der Staat gegenwärtig „ein fetter, alle möglichen weiteren Aufgaben an sich ziehender, umerziehender, anmaßender und sich eben nicht klug beschränkender Staat". Er gängle und drängle seine Bürger und versuche sie nach den Vorstellungen abgehobener Eliten umzuerziehen und zu bevormunden. In je mehr Bereiche er sich eindränge, desto größer sei die Gefahr, daß er seinen Kernaufgaben, unter anderem auf dem Gebiet der inneren Sicherheit, nicht mehr gerecht werde.

In ähnlichem Sinn hatte auch Meuthens Vor-
redner, *Markus Krall*, bereits gefordert: „Wir müssen den Staat auf seine Kernaufgaben zurückstut-
zen: Recht setzen und Recht sprechen, innere und
äußere Sicherheit gewährleisten, Grenzen sichern,
durch Bildung Chancen schaffen, Talente fördern
statt Gleichmacherei und Indoktrination pseudo-
wissenschaftlicher Genderstudien zu frönen... Das
bedeutet vor allem auch, den Staat kleiner zu machen. Eine Staatsquote von 25 Prozent reicht auch.“
Das Problem dabei dürfte freilich dies sein, daß der
Sozialstaat auf eine immer weitere Ausdehnung des
öffentlichen Sektors drängt. Rechts- und Sozialstaat
stehen insoweit in einem Spannungsverhältnis: Aus
rechtsstaatlichen Gründen ist möglichst wenig, aus
sozialstaatlichen möglichst viel Staat wünschenswert. In einer Massendemokratie, in der man bei
jeder Gelegenheit nach dem Staat ruft, ist eine Kür-
zung der dem Staat zur Verfügung stehenden Sach-
und Personalmittel schwer durchsetzbar.

Ein anderer Aspekt, der ebenfalls die legitimen
Grenzen des Staats berührt, nämlich die zunehmen-
de Ersetzung rechtlicher Regeln durch „Werte“ und
die damit zusammenhängende Moralisierung des
politischen Handelns und Argumentierens, wurde
nur von *Willy Wimmer*[56] in seinem abschließenden
Beitrag kurz angesprochen, in dem er die Bundeskanzlerin wegen ihrer Politik des fortgesetzten Aus-
nahmezustandes, d.h. der Außerachtlassung klarer
Regeln zugunsten diffuser „Werte“, unter großem

74

Beifall einen „Schlag in das Gesicht aller gesetzestreuen deutschen Bürger" nannte. Für Wimmer war diese Politik gleichbedeutend damit, daß das wertvollste politische Vermächtnis Deutschlands, der deutsche Rechtsstaat, in Gefahr war: „Das, worum es geht, ist nicht die ein oder andere Form der Politik; sondern die zentrale Errungenschaft am Ende des Zweiten Weltkrieges war bei uns der deutsche Rechtsstaat... Damit haben wir die Wiedervereinigung begründet, damit haben wir unseren Landsleuten in den neuen Ländern gesagt, das ist das bessere Deutschland. Und [nun] gehen wir mit dieser Bundeskanzlerin einen Weg, Abschied zu nehmen vom deutschen Rechtsstaat. Aus meiner Sicht: wir wollen das nicht."

Um zu verstehen, was Wimmer damit meinte, muß man ein wenig ausholen. Zweifellos bedarf jede konsistente Politik eines Wertefundaments. In einem freiheitlichen Staat darf sie dieses Fundament jedoch nicht planmäßig selbst erzeugen; es muß vielmehr von der Gesellschaft geschaffen werden. Wo der Staat die Entwicklung verhaltensprägender Werte in eigene Regie nimmt, wird er unweigerlich zum Glaubens- und Umerziehungsstaat; wo er sich auf Werte beruft, um sich über gesetzliche Regeln hinwegzusetzen, gibt er fundamentale rechtliche Errungenschaften preis. Als Bundeskanzler Helmut Kohl in seiner Anfangszeit die „geistig-moralische Führung" zum Auftrag der Bundesregierung erklärte, trat ihm daher sein Vorgänger im Amt, Helmut

Schmidt, in seiner letzten Bundestagsrede entschieden entgegen: „Die Organe des Staates haben im wesentlichen andere Aufgaben. Die geistige Orientierung erwartet jemand wie ich ... von denen, die dazu berufen sind in den Wissenschaften, in den Schulen, Universitäten, in der Kunst, der Literatur, jedenfalls in den Kirchen und den Religionsgemeinschaften." Von der Bundesregierung erwartete Schmidt „etwas ganz anderes ..., nämlich *politische Führung*."[57] Das war indessen bald vergessen. Als Bundeskanzler Gerhard Schröder im Jahr 2000 zu einem „Aufstand der Anständigen" aufrief, der nicht zuletzt vom Staat gegen seine „unanständigen" Bürger betrieben werden sollte, war von Schmidts Mahnung nichts mehr zu spüren. Wimmer machte mit seinen Bemerkungen auf die gedanklichen Verschiebungen aufmerksam, die im metapolitischen Raum im Gange waren und für die Zukunft des Rechtsstaates nichts Gutes erwarten ließen. Freilich war diese ins Philosophische gehende Problematik coram publico schwer zu thematisieren.

VII. Was bleibt?

Die Intention des Neuen Hambacher Festes war es, gegen die Zerstörung der Werte und Institutionen anzutreten, für deren Erringung die Hambacher von 1832 ihre Existenz aufs Spiel gesetzt hatten. Niemand weiß, wie man nach weiteren 200 oder auch nur nach 50 Jahren darüber denken wird. Vielleicht hat bis dahin die „Telemigration" die Politik weltweit vor ganz andere Aufgaben gestellt, vielleicht auch ist dem demokratischen Rechtsstaat durch die technische Perfektionierung der Überwachung und Kontrolle überhaupt die Grundlage entzogen worden. Wenn das Neue Hambacher Fest dann noch in Erinnerung ist, dann vermutlich wegen des Aufbegehrens einiger Unentwegter gegen die Erosion dessen, was man einmal Demokratie und Rechtsstaat genannt hatte. Wollte man einem Nachgeborenen erklären, worum es im Kern ging, könnte man ihm folgendes sagen:

1. Demokratie und Nationalität

Für die Teilnehmer des ersten Hambacher Festes von 1832 stand fest, daß es das „deutsche Volk" faktisch gab und daß es sich dabei um das Kollektivsubjekt handelte, das um seine politische Selbstbestimmung kämpfte. Die „Hambacher" von 2018 waren angesichts der demographischen Veränderungen mit der Frage konfrontiert, ob die kollektive politische Selbstbestimmung so etwas wie ein „Volk" unausgesprochen voraussetzt oder aber mit beliebigen Teilnehmern möglich ist. Für nicht wenige Zeitgenossen war der Zusammenhang zwischen Demokratie und Nationalität aus dem Blick geraten. Vor dem Hintergrund einer zunehmend als Einheit gedachten Menschheit verstanden sie unter Demokratie nur noch ein formales Verfahren, das mit Akteuren beliebigen Zuschnitts praktiziert werden kann. Zweifel hieran wurden als „nationalistisch", wenn nicht gar „rassistisch" abqualifiziert. Daß Rousseau, der den neuzeitlichen Glaubenskriegen noch näher stand, eine gewisse Homogenität des Demos für unerläßlich gehalten hatte, war hier kein Thema. Rousseau hatte bekanntlich die Frage aufgeworfen, unter welchen Voraussetzungen die Minderheit freiwillig das Votum der Mehrheit akzeptiert. Das tut sie, wie er meinte, nur dann, wenn sie darauf vertrauen kann, daß diese Mehrheit im Grunde dasselbe will wie sie selbst, nicht jedoch, wenn sie in dieser einen existentiellen Widerpart erblickt, mit dem es keine Gemeinsamkeit gibt. Daß die Bedingungen für ein selbstbestimmtes Zusammenleben am günstigsten dort sind, wo man über eine gemeinsame Abstammung, Sprache, Geschichte, Religion, Kultur usw. verfügt, verstand sich von hier aus von selbst.

Seit Beginn des neuen Jahrtausends hielten es viele jedoch für wünschenswert, daß der Demos von den Eliten in ein buntes Völkergemisch umgestaltet würde. Weil sie meinten, daß eine Opposition dabei nur störend sei, sahen sie die Regierungspolitik in immer mehr Fällen als „alternativlos" an und nahmen keinen Anstoß daran, daß Fragen von höchster Bedeutung ohne jede Beteiligung des Parlaments entschieden wurden. Allein eine Minderheit machte mit Aktionen wie dem Neuen Hambacher Fest darauf aufmerksam, daß Demokratie mehr ist als eine Leerformel.

2. Moralisierung des Rechtsstaats

Der andere Punkt, der in „Hambach II" auf der Tagesordnung stand, betraf die Erhaltung und Ausgestaltung des Rechtsstaats in einer veränderten Zeit. Während die Demokratie die Partizipation des Bürgers am Staatshandeln gewährleisten sollte, war der Rechtsstaat zum Schutz des Bürgers vor staatlichem Handeln gedacht – und zwar auch in der Demokratie; denn auch diese kann, wenn ihr nicht rechtliche und institutionelle Schranken gesetzt werden, totalitäre Züge annehmen. Eine der wichtigsten rechtsstaatlichen Errungenschaften war die prinzipielle Trennung von Staat und Gesellschaft. Der Idee nach war die Gesellschaft als eine Art „staatsfreie Sphäre" innerhalb des Staates gedacht. Sie sollte ein Raum sein, in dem sich der einzelne nach seinen Vorstellungen frei entfalten kann, in dem die Familie ein Eigenleben entwickelt und in dem Private durch Wort und Tat Verbindungen und Institutionen ausbilden können, die dem Staat Paroli zu bieten vermögen.

Im Gegensatz dazu hatten einflußreiche Kräfte die umfassende Steuerung der Gesellschaft, die eigentlich den Staat kontrollieren sollte, zum Ziel staatlicher Politik erhoben. Die heranwachsende Generation wurde von jung an in staatlichen oder halbstaatlichen Einrichtungen mit raffinierten Mitteln auf die gewünschte Linie gebracht. Die elterliche Erziehung verlor dadurch kontinuierlich an Einfluß. Aber auch die Erwachsenen wurden zunehmend als Objekte volkspädagogischer Belehrung und Wegweisung wahrgenommen. Was einmal ein in Staat und Gesellschaft gegliedertes Gefüge und als solches institutionelle Voraussetzung der Freiheit sein sollte, war im Begriff, sich in eine Anstalt zur mentalen Rundumbetreuung der Insassen zu verwandeln, ein Modell, das bisher nur von den sozialistischen Staaten her bekannt war.[58] Nach rechtsstaatlicher Vorstellung sollte der Bürger allein mit der physischen Macht des Staates konfrontiert sein. Im modernen Staat der Nachwendezeit sah er sich darüber hinaus einem Zweckbündnis von Regierung und Medien gegenüber, das zu einer Macht ganz neuer Art erwachsen war.

Nicht die geringste der dadurch aufgeworfenen Fragen betraf das Verhältnis von Recht und Moral. Nach der „klassischen" Vorstellung des Rechtsstaats war der Bürger lediglich verpflichtet, die sein äußeres Verhalten regelnden Rechtsgesetze zu beachten; die „Moralität" seines Tuns, sein Denken und Reden, war seiner eigenen Verantwortung überlassen und damit frei. Eben hier jedoch zeichnete sich eine tiefgreifende Änderung ab: Die Moral wurde zunehmend von einer privaten zu einer öffentlichen Angelegenheit erklärt und in Form der Sozialmoral dem eigenen Urteil des freien Subjekts entzogen. Infolgedessen mußte sich der Einzelne für seine innersten Überzeugungen öffentlich anklagen und maßregeln lassen. Unter Berufung auf alles überragende „Werte" zog der Staat die von ihm selbst gesteuerte Sozialmoral zur Rechtfertigung dafür heran, sich über geltende Rechtsnormen hinwegzusetzen. Wer sich dessen bewußt war, daß der Rechtsstaat als ein Gegenkonzept zu dem auch das Denken beherrschenden Glaubensstaat konzipiert war, konnte unschwer sehen, daß der Dachstuhl des Rechtsstaats lichterloh brannte. Aber er sah auch, daß die berufenen Wächter keine Anstalten machten, den Brand zu löschen. Und er mußte die Erfahrung machen, daß der Aufstand einiger weniger nicht ausreicht, Ideale zu retten, deren Überzeugungskraft im Schwinden begriffen ist.

Sicher werden auch spätere Generationen verstehen, daß die „Neuen Hambacher" für Denk- und Redefreiheit und für die Fortschreibung ihrer angestammten Kultur eintraten. Ob sie darin auch selbst wieder erstrebenswerte Ziele erblicken werden, gehört indessen zu den Fragen der Geschichte, die nur durch das praktische Handeln beantwortet werden können.

Endnoten

1   So wurde die Burgruine wegen der vielen Kastanienbäume in ihrer Nähe genannt.

2   Überlick bei Fenske, Pfälzer Heimat 58 (2007), S. 45 (47 ff).

3   Heinrich Laube, Erinnerungen 1810 – 1840, Gesammelte Schriften, Wien 1875, Bd. 1, S. 289.

4   Hegel, Die Verfassung Deutschlands, in: ders., Politische Schriften, 1966, S. 23.

5   Metternich an Werner, in: Aus Metternichs nachgelassenen Papieren, 5. Bd. (2. Teil, 3. Bd.) Wien 1882, S. 190 (192).

6   Ausführlich zu den Hintergründen Sahrmann, Beiträge zur Geschichte des Hambacher Festes 1832, 1930, S. 29 – 55, 103 – 109.

7   Siebenpfeiffer in: Wirth (unter Mitwirkung eines Redaktionsausschusses), Das Nationalfest der Deutschen zu Hambach, 1832 (Nachdruck 1981), S. 31 (39).

8   Näher zu beiden Wadle (Hg.), Siebenpfeiffer und seine Zeit im Blickfeld der Rechtsgeschichte, 1991; Hüls, Johann Georg August Wirth (1798 – 1848). Ein politisches Leben im Vormärz, 2004 (zum Hambacher Fest dort S. 263 ff).

9   Wirth (Fn. 7), S. 4.

10   Text der Einladung bei Wirth (Fn. 7), S. 5 f.

11   Abgedruckt bei Wirth (Fn. 7), S. 6 f.

12   Wirth (Fn. 7), S. 7 – 10.

13   Valentin, Das Hambacher Nationalfest, 1932. Zitiert wird im folgenden nach dem (*nicht seitenidentischen ergänzten*) Neudruck 1982, S. 88 ff.

14   Sahrmann (Fn. 6), S. 63 ff; Valentin (Fn. 13), S. 90 f.

15   Eine zeitgenössische Schilderung des Hergangs findet sich in dem Bericht des Vertrauensmannes des preußischen Bundestagsgesandten in: Valentin (Fn. 13), S. 117 – 130. Vgl. auch Wolgast, Feste als Ausdruck nationaler und demokratischer Opposition, Jahresgabe der Gesellschaft für burschenschaftliche Geschichtsforschung 1980/81/82 (hrsg. von H. Bernhardi und E. W. Wreden), o.O./o.J., S. 41 – 71.

16   Abgedruckt in: Wirth (Fn. 7), S. 31 – 41.

17   Zitiert nach Sahrmann (Fn. 6), S. 30.

18   Abgedruckt in: Wirth (Fn. 7), S. 41 – 48.

19   Heine, Ludwig Börne, in: Heines Werke, Bd. 5, 1978, S. 171 (258).

20   Der Redaktionsausschuß der Schrift „Das Nationalfest der Deutschen zu Hambach" bedauerte daher in einer Fußnote, daß die Rede die anwesenden Franzosen verletzt habe, und hielt eine Beschwichtigung für angezeigt, vgl. Wirth (Fn. 7), S. 48 f. Diese Verletzung war von einem der späteren Redner, Lucien Rey, unmißverständlich beklagt worden, vgl. aaO, S. 49 ff.

21   Abgedruckt bei Wirth (Fn. 7), S. 76 – 82.

22   Die Rede ist abgedruckt in Wirth (Fn. 7), S. 66 – 68.

23   Schoppmann, in: Wirth (Fn. 7), S. 96 f.

24   Wirth (Fn. 7), S. 4.

25   Wirth (Fn. 7), S. 99 ff.

26   Valentin (Fn. 13), S. 114 (117).

27   Brüggemann, in: Wirth (Fn. 7), S. 76 (81).

28   Stromeyer, in: Wirth (Fn. 7), S. 93 f.

29   Näher zu den Vorgängen Sahrmann (Fn. 6), S. 78 ff, 134 ff.

30   Heine (Fn. 19), S. 171 (252 f).

31   Näher Sahrmann (Fn. 6), S. 87 ff.

32   Freiherr von Anstett an Graf Nesselrode am 18./30. 5. 1832, in: Valentin (Fn. 13), S. 101 (102).

33   Fürst Metternich an Graf Trauttmannsdorff am 10. 6. 1832, in: Valentin (Fn. 13), 151 (152 – 154).

34   Fürst Metternich an Graf Trauttmannsdorff am 10. 6. 1832, in: Valentin (Fn. 13), S. 158 (159).

35   Fürst Metternich an Fürst Wittgenstein am 10. 6. 1832, in: Valentin (Fn. 13), S. 160.

36   Gutachten des preußischen Staatsministeriums vom 8. 6. 1832, in: Valentin (Fn. 13), S. 162 ff.

37   Niederschrift des Herzogs Carl von Mecklenburg am 11. 6. 1832, in: Valentin (Fn. 13), S. 167 f.

38   Note der preußischen Regierung an die bayrische Regierung, in: Valentin (Fn. 13), S. 171 (175, 177).

39   Brüggemann, Meine Leitung der Kölnischen Zeitung und die Krise der preußischen Politik von 1846 – 1855, 1855, S. 7.

40   Valentin (Fn. 13), S. 80 f.

41   Das Zitat wird ohne Nachweis Daniel Cohn-Bendit zugeschrieben.

42   Karim, Cato 4/2018, S. 47 (48).

43   Hegel, Grundlinien der Philosophie des Rechts, Vorrede.

44   Koalitionsvertrag zwischen CDU, CSU und SPD, 19. Legislaturperiode, VIII 1, Zeilen 4804, 4857 ff.

45   Interview Max Otte/Ralf Flierl, in: Smart Investor 6/2018, S. 20 (21).

46   Münkler, Debatte: Warum müssen wir um unsere Nationalsymbole kämpfen, Herr Münkler?, in: www.morgenweb.de am 28.4.2018.

47   Sarrazin, Cato 4/2018, S. 40 – 46.

48   Meuthen, Cato 4/2018, S. 54 – 59.

49   Karim, Cato 4/2018, S. 47 (50).

50   Lengsfeld, Rede zum Hambacher Fest, 5. Mai 2018, https://vera-lengsfeld.de/2018/05/05/rede-zum-hambacher-fest/

51   CDU/CSU: Für ein Deutschland, in dem wir gut und gerne leben. Regierungsprogramm 2017 – 2021, S. 64.

52   Vgl. tagesspiegel.de vom 19.4.2018, Avramopoulos: Deutschland nimmt 10.000 Flüchtlinge auf: „Deutschland wird laut EU-Kommission im Rahmen eines Umsiedlungsprogramms mehr als 10.000 Flüchtlinge aus Nordafrika und dem Nahen Osten aufnehmen. Eine entsprechende Zusage der Bundesregierung sei in dieser Woche eingegangen... Die Aufnahme erfolgt demnach im Rahmen eines neuen EU-Umsiedlungsprogramms... Das Programm hatte die Kommission im vergangenen Sommer aufgelegt...“

53   Markus Krall, https://www.youtube.com/watch?v=oFuybRV-Xbg

54   Der Text dieser am 15. 3. 2018 herausgegebenen und sofort von allen Seiten angefeindeten Erklärung bestand aus zwei Sätzen: „Mit wachsendem Befremden beobachten wir, wie Deutschland durch die illegale Masseneinwanderung beschädigt wird. Wir solidarisieren uns mit denjenigen, die friedlich dafür demonstrieren, daß die rechtsstaatliche Ordnung an den Grenzen unseres Landes wiederhergestellt wird.“

55   Starbatty, https://www.youtube.com/watch?v=q8Uq7mgzU10

56   Wimmer, https://www.youtube.com/watch?v=rhFqn9BWK0c

57   BT-Prot. 10/ 228 vom 10. 9. 1986, S. 17668 (17684).

58   Henrich, Der vormundschaftliche Staat, 1989.

Sicher durch stürmische Zeiten –
mit **Prof. Dr. Max Otte**

Persönlich:
Vermögensberatung
individuelle Beratung in
DACH und Liechtenstein
nach der Strategie
von Max Otte
Value Investing gemäß dem
Reinheitsgebot der
Kapitalanlage

Anlagefonds:
Max Otte
Vermögensbildungsfonds
4 Sterne von Morningstar
+9,6% im 1. Quartal 2019
große Indizes outperformt
besser als viele Konkurrenzfonds
ohne Ausgabeaufschlag auf
fondsdiscount.de/lp/max-otte

Für
Selber-Anleger:
Börsenbrief
Der Privatinvestor
der-privatinvestor.de
Königsaktien von Max Otte
täglich aktuelle Datenbank
jeden Freitag neue Analysen
Frage-Antwort-Ecke

Magazin PI Politik Spezial:
Meinungen, die Sie im
Mainstream nicht mehr finden
politik.der-privatinvestor.de

Youtube-Kanäle:
Privatinvestor-TV
Privatinvestor Politik Spezial
privatinvestor.tv

+++ WIR BERATEN SIE GERNE +++
Philipp Schäferhoff steht Ihnen zur Verfügung
unter Telefonnummer 0221 - 99 80 19 12
oder per E-Mail an
schaeferhoff@privatinvestor.de